논·술·한·국·대·표·문·학

37

백치 아다다·화수분

계용묵 | 전영택

병풍에 그린 닭이 · 최 서방 · 천치? 천재? · 운명 · 소 · 방황 외

H 훈민출판사

계용묵이 세상을 떠나기 전에 살던 집

The Best Korean Literature

계용묵은 초기에 경향 문학적 성격을 보였으며, 1939년 〈백치 아다다〉를 발표하면서, 낭만주의적이며 순예술파적인 경향으로 전환하였다.

소. 단편 〈소〉에서 홍 주사는 춘천의 산골로 와서 농사를 지으며 부지런히 소를 기른다. '소를 먹이는 것'은 홍 주사의 유일한 낙인데, 한국 사람은 소를 사랑하고 집집마다 소를 먹여야 한다는 것이 그의 생각이다.

야유회에서의 계용묵(왼쪽)

평안북도 선천 전경. 선천의 엄격한 유교 집안에서 태어난 계용묵은 할아버지로부터 〈동몽선습〉, 〈대학〉, 〈맹자〉 등을 배웠으며, 문학과 신학문에 대한 동경으로 할아버지 몰래 서울로 올라갔다.

계용묵의 묘비. 계용묵은 《현대문학》에 〈소수집〉을 연재하던 1961년, 58세의 나이로 사망하여 망우리 묘지에 묻혔다.

1959년, 국제 펜클럽 세계 작가 회의를 마치고 일본 하네다 공항에서. 뒷줄 오른쪽에서 네 번째가 전영택이다.

1961년 서울시 문화상을 받은 전영택이 가족들과 함께 기념촬영을 했다.

The Best Korean Literature

어린 손자와 함께 자택의 마당에서 한가로운 한때를 보내고 있는 전영택

1965년 둘째 손자의 돌잔치를 마치고, 왼쪽부터 큰손자, 며느리, 전영택, 부인 채혜숙 여사

구인환(丘仁煥)

서울대학교 사범대학 졸업. 동 대학원 졸업(문학박사)
서울대학교 명예교수, 소설가(현). 서울대학교 사범대학 국어교육연구소 소장(현)
문학과문학교육연구소 소장(현). 국제펜 한국본부 부회장(현)
한국소설문학상(1987) 예술문화대상(1994) 한국문학상(2000)
작품 〈숨쉬는 영정〉, 〈살아 있는 날들〉, 〈일어서는 산〉 외 다수

- **저서** ≪한국단편소설의 이해≫, ≪한국현대소설의 비평적 성찰≫,
  ≪고교생이 알아야 할 소설≫, ≪고교생이 알아야 할 세계단편소설≫ 외 다수

윤병로(尹柄魯)

성균관대학교 국어국문학과 졸업. 동 대학원 졸업(문학박사)
성균관대학교 교수, 문학평론가(현). 한국현대소설학회장(현)
한국문예학술저작권협회 이사(현). 한국간행물윤리위원회 위원(현)
한국펜 문학상(1987). 한국문학상(1988). 대한민국문학상(1989)
수필집 ≪나의 작은 애인들≫

- **저서** ≪현대 작가론≫, ≪한국 현대 소설의 탐구≫,
  ≪한국 근대 작가 작품 연구≫, ≪한국 현대작가의 문제작 평설≫ 외 다수

홍성암(洪性岩)

고려대학교 국어국문학과 졸업. 한양대학교 대학원 국어국문학과 졸업(문학박사)
동덕여자대학교 교수, 소설가(현). 한국문인협회 회원(현)
한국소설가협회 이사(현). 국제펜 한국본부 소설분과 이사(현). 한민족 문화학회 회장(현)
창작집 ≪큰 물로 가는 큰 고기≫, ≪어떤 귀향≫ 외
대하역사소설 ≪남한산성≫(전9권) 외 다수

- **저서** ≪문학의 이해≫, ≪현대 작가론≫, ≪한국 근대 역사소설 연구≫ 외 다수

기
획
·
감
수

'나는 인간을 내놓고 예술은 예술을 위해서 있다는
것을 이해할 수 없다' 는 그의 자서전의 일부처럼, 전
영택은 박애·인도주의 정신의 문학 세계를 보여 준
작가이다.

논술 한국대표문학을 펴내며

21세기의 사회는 '전자 문명 시대'라 일컬어질 만큼 오늘날 전자 산업은 우리 생활의 거의 모든 분야에 다양하게 응용되고 있습니다. 출판 분야 또한 예외는 아니어서, 종래의 서책(Book) 대신에 이른바 '전자책(CD-ROM)'의 출간이 최근 들어 날로 증가하고 있습니다.

그러나 이러한 전자책은 영상 또는 모니터상으로 흥미 위주나 백과사전식 지식을 습득하는 데는 효과적일지 모르지만, 문학 공부를 위해서는 별로 도움이 되지 않습니다. 바꾸어 말하면, 문학 공부는 각 지면마다 살아 숨쉬는 표현 하나하나를 독자 자신의 머리로 음미하면서 작품을 읽어 나가는 가운데, 풍부한 상상력의 배양과 함께 작가의 의도와 그 작품의 내면을 깊이 있게 이해함으로써 이루어지는 것입니다.

이에 훈민출판사에서는, 자라나는 학생들이 범람하는 영상 매체에 길들여지기 전에, 어려서부터 유명한 세계문학 작품들을 책자를 통하여 감명 깊게 읽고 감상함으로써, 올바른 문학 공부의 기틀을 다지고, 아울러 전인 교육도 할 수 있도록 《논술 한국대표문학(전60권)》을 펴내게 되었습니다.

작품 선정은, 초·중·고등학교 국어 교과서와 역사 교과서에 실리거나 소개된 문학 작품을 중심으로 하되, 그리스 신화와 성경 이야기 등의 고전에서부터 중세·근대·현대에 이르기까지 세르반테스·셰익스피어·톨스토이 등 세계 유명 작가들의 장·단편 소설들을 엄선·수록하였습니다. 또 세계의 명시도 별권으로 엮었으며, 특히 각 단락마다 '논술 문제'를 제시하여, 장차 대학입시를 비롯한 각종 '논술 고사'에 예비 지식을 쌓을 수 있도록 배려하였습니다. 아무쪼록, 이 《논술 한국대표문학(전60권)》이 자라나는 학생들에게 문학 공부의 주춧돌이 되고, 나아가 미래를 살아가는 데 정신적 자양분이 되기를 진심으로 바라 마지않습니다.

훈민출판사

차례

계용묵

백치 아다다

병풍에 그린 닭이

최 서방

청춘도

별을 헨다

지은이

1904~1961년. 본명은 하태용. 평안북도 선천 출생. 1925년 《조선문단》에 단편 〈상환〉과 시 〈봄이 왔네〉로 문단에 나왔다. 초기에는 〈최 서방〉 등 경향성을 띤 작품을 주로 발표했다. 1935년에 발표한 단편 〈백치 아다다〉는 낭만주의를 바탕으로 하여 사실주의 수법을 곁들인, 일종의 문명 비판 소설이다. 대표작으로 〈마부〉, 〈청춘도〉, 〈신기루〉, 〈캉가루의 조상이〉 등이 있다.

백치 아다다

질그릇이 땅에 부딪치는 소리가 났다고 들렸는데, 마당에는 아무도 없다.

부엌에 쥐가 들었나? 샛문을 열어 보려니까,

"아 아아 아이 아아 아야……."

하는 소리가 뒤란 곁으로 들려온다. 샛문을 열려던 박씨는 뒷문을 밀었다.

장독대 밑 비스듬한 켠 아래 아다다가 입을 헤벌리고 납작하니 엎여져 두 다리만을 힘없이 버지럭거리고 있다. 그리고 머리편으로 한 발쯤 나가선 깨어진 동이 조각이 질서 없이 너저분하게 된장 속에 묻혀 있다.

"아이구테나! 무슨 소린가 했더니 이년이 동애(동이)를 또 잡았구나! 이년아! 너더러 된장 푸래든, 푸래?"

어머니는 딸이 어디가 다쳤는지 일어나지도 못하고 아파하는 데 가는 동정심보다 깨어진 동이만이 아깝게 눈에 보였던 것이다.

"어 어마! 아다아다 아다 아다아다……."

모닥불을 뒤집어쓰는 듯한 끔찍한 어머니의 음성을 또다시 듣게 되는 아다다는 겁에 질려 얼굴에 시퍼런 물이 들며 넘어진 연유를 말하여 용서를 빌려는 기색이나, 말이 되지를 않아 안타까워한다.

아다다는 벙어리였던 것이다. 말을 하렬 때에는 한다는 것이 아다다

소리만이 연거푸 나왔다. 어찌어찌 가다가 말이 한 마디씩 제법 되어 나오는 적도 있었으나 그것은 쉬운 말에 그치고 만다.

그래서 이것을 조롱삼아 확실이라는 뚜렷한 이름이 있었지만, 누구나 그를 부르는 이름은 아다다였다. 그리하여 이것이 자연히 이름으로 굳어져, 그 부모네까지도 그렇게 부르게 되었거니와, 그 자신조차도 '아다다!' 하고 부르면 마땅히 들을 이름인 듯이 대답을 했다.

"이년 까타나 끌이 세누나! 시켠엘 못 가갔으문 오늘은 어디메든디 나가서 뒈디고 말아라, 이년아! 이년아! 아, 이년아!"

어머니는 눈알을 가로세워 날카롭게도 흰자위만으로 흘기며 성큼 문턱을 넘어선다.

아다다는 어머니의 손길이 또 자기의 끌채를 감아쥘 것을 연상하고 몸을 겨우 뒤재 비꼬아 일어서서 절룩절룩 굴뚝 모퉁이로 피해 가며 어쩔 줄을 모르고 일변 고개를 좌우로 둘러 살피며 아연하게도,

"아다 어 어마! 아다 어마! 아다다다다다!"

하고 부르짖는다. 다시는 일을 아니 저지르겠다는 듯이, 그리고 한 번만 용서를 하여 달라는 듯싶게.

그러나 사정 모르는 체 기어이 쫓아간 어머니는,

"이년! 어서 뒈데라. 뒈디기 싫건 시집으로 당장 가거라. 못 가간?"

그리고 주먹을 귀 뒤에 넌지시 얼메고 마주 선다.

순간, 주먹이 떨어지면? 하는 두려운 생각에 오싹하고 끼치는 소름이 튀해 논 닭같이 전신에 돋아나는 두드러기를 느끼는 찰나, '턱' 하고 마침내 떨어지는 주먹은 어느 새 끌채를 감아쥐고 갈지자로 흔들어 댄다.

"아다 어어 어마! 아 아고 어 어마!"

아다다는 떨며 빌며 손을 몬다.

그러나 소용이 없다. 한번 손을 댄 어머니는 그저 죽어 싸다는 듯이 자꾸만 흔들어 댄다. 하니, 그렇지 않아도 가꾸지 못한 텁수룩한 머리는 물결처럼 흔들리며 구름같이 피어나선 엉클어진다. 그래도 아다다는 그저 빌 뿐이요, 조금도 반항하려고는 않는다. 이런 일은 거의 날마다 지내보는 것이기 때문에, 한대야 그것은 도리어 매까지 사는 것이 됨을 아는 것이다. 집에 일이 아무리 밀려 돌아가더라도 나 모르는 채 손 싸매고 들어앉았으면 오히려 이런 봉변은 아니 당할 것이, 가만히 앉았지는 못했다.

선천적으로 타고난 천치에 가까운 그의 성격은 무엇엔지 힘에 맞추는 노력이 있어야 만족을 얻는 듯했다. 시키건 안 시키건, 헐하나 힘차나 가리는 법이 없이 하여야 될 일로, 눈에 띄기만 하면 몸을 아끼는 일이 없이 하는 것이 그였다. 그래서 집안의 모든 고된 일은 실로 아다다가 혼자서 치워 놓게 된다. 그러나 어머니는 그것이 반갑지 않았다. 둔한 지혜로 미련없이 뼈가 부러지도록 몸을 돌보지 않고, 일종 모험에 가까운 짓을 하게 되므로, 그 반면에 따르는 실수가 되레 일을 저질러 놓게 되어, 그릇 같은 것을 깨쳐먹은 일은 거의 날마다 있다 하여도 옳을 정도로 있었다.

그래도 아다다의 힘을 빌리지 않고는 집안일을 못 치겠다면 모르지만, 그는 참여를 하지 않아도 행랑에서 차근차근히 다 해 줄 일을 쓸데없이 가로맡아선, 일을 저질러 놓고 마는 데에 그 어머니는 속이 상했다.

본시 시집을 보내기 전에도 그 버릇은 지금이나 다름이 없어 벙어리인데다 행동까지 그러하였으므로 내용 아는 인근에서는 그를 얻어 가려는 사람이 없었다. 그리하여, 열아홉 고개를 넘기도록 처문어 두고 속을 태우다 못해 깃으로 논 한 섬지기를 처넣어 똥 치듯 치워 버렸던 것이,

그만 오 년이 멀다 다시 쫓겨 와, 시집에는 아예 갈 생각도 아니하고 하루 같은 심화를 올렸다. 그래서 어머니는 역겨운 마음에 아다다가 실수를 할 때마다 주릿대를 내리고 참여를 말라건만 그는 참는다는 것이 그 당시뿐이요, 남이 일을 하는 것을 보면 속이 쏘는 듯이 슬그머니 나와서 곁을 슬슬 돌다가는 손을 대고 만다.

바로 사흘 전엔가도 무명 뇜을 낼 때, 활짝 단 솥뚜껑을 차비(채비)없이 맨손으로 열다가 뜨거움을 참지 못해, 되는대로 집어 엎는 바람에 그만 자배기를 깨치고 욕과 매를 한바탕 겪고 났었건만, 어제저녁 행랑 색시더러 오늘은 묵은 된장을 옮겨 담아야 되겠다고 이르는 말을 어느 겨를에 들었던지 아다다는 아침밥이 끝나자, 어느 새 나가서 혼자 된장을 퍼 나르다가 그만 또 실수를 한 것이었다.

"못 가간? 시집이! 못 가간? 이년! 못 가갔음 죽어라!"

움켜쥐었던 머리를 힘차게 휙 두르며 밀치는 바람에 손에 감겼던 머리카락이 끊어지는지 빠지는지 무뚝 묻어나며 아다다는 비칠비칠 서너 걸음 물러난다.

순간, 정신이 어찔해진 아다다는 넘어지지 않으려고 애써 버지럭거리며 삐치는 다리에 겨우 진정을 얻어 세우자,

"아다 어마! 아다 어마! 아다 아다!"

하고, 다시 달려들 듯이 눈을 흘기고 섰는 어머니를 향하여 눈물 글썽한 눈을 끔벅 한 번 감아 보이고, 그리고 북쪽을 손가락질하여, 어머니의 말대로 시집으로 가든지 그렇지 않으면 죽어라도 버리겠다는 뜻으로 고개를 주억이며 겁에 질려 어쩔 줄을 모르고 허청허청 대문 밖으로 몸을 이끌어 냈다.

나오기는 나왔으나 갈 곳이 없는 아다다는 마당귀를 돌아서선 발길을

더 내놓지 못하고 우뚝 섰다.

시집으로 간다고는 하였으나, 아무리 생각해도 남편의 매는 어머니의 그것보다 무섭다. 그러면 다시 집으로 들어가나? 이번에는 외상 없는 매가 떨어질 것 같다. 어디로 가야 하나?

갈 곳 없는 갈 곳을 뒤짜 보자니 눈물이 주는 위로밖에 쓸데없는 오 년 전 그 시집이 참을 수 없이 그립다.

──치울세라, 더울세라, 힘이 들까, 고단할까, 알뜰살뜰히 어루만져 주던 시부모, 밤이면 품 속에 꼭 껴안아 피로를 풀어 주던 남편. 아, 얼마나 시집에서는 자기를 위하여 정성을 다하던 것인가?

참으로 아다다가 처음 시집을 가서의 오 년 동안은 온 집안의 사랑을 한몸에 받아 왔던 것이 사실이다.

벙어리라는 조건이 귀에 들어맞는 것은 아니었으나, 돈으로 아내를 사지 아니하고는 얻어 볼 수 없는 처지에서 스물여덟 살에 아직 장가를 못 들고 있는 신세로 목구멍조차 치기 어려운 형세이었으므로, 아내를 얻게 되기의 여유를 기다리기까지에는 너무도 막연한 앞날이었다. 벙어리나마 일생을 먹여 줄 것까지 가지고 온다는데 귀가 번쩍 뜨여 그 자리를 앗기울까 두렵게 혼사를 지었던 것이니, 그로 인해서 먹고 살게 되는 시집에서는 아다다를 아니 위할 수가 없었던 것이다. 그러한 가운데 또한 아다다는 못하는 일이 없이 일 잘하고, 고분고분 말 잘 듣고, 조금도 말썽을 부리는 일이 없었다. 그래서 생활고가 주는 역경이 쓸데없이 서로 눈독을 짓게 하여 불쾌한 말만으로 큰소리가 끊일 새 없이 오고가던 가족은, 일시에 봄비를 맞는 동산같이 화락한 웃음의 꽃이 피었다.

원래, 바른 사람이 못 되는 아다다에게는 실수가 없는 것이 아니었으나, 그로 인해서 밥을 먹게 되는 시집에서는 조금도 역겹게 안 여겼고,

되레 위로를 하고 허물을 감추기에 서로 힘을 썼다.

여기에 아다다가 비로소 인생의 행복을 느끼며 시집가기 전 지난날 어머니 아버지가 쓸데없는 자식이라는 구실 밑에, 아니, 되레 가문을 더럽히는 앙화 자식이라고 사람으로서의 푼수에도 넣어 주지 않고 박대하던 일을 생각하고는, 어머니 아버지를 원망하는 나머지 명절 목시나 제향 때이면, 시집에서는 그렇게도 가 보라는 친정이었건만 이를 악물고 가지 않고 행복 속에 묻혀 살던 지나간 그 날이 아니 그리울 수가 없었다.

그러나 그 날은 안타깝게도 다시 못 올 영원한 꿈속에 흘러가고 말았다.

해를 거듭하며 생활의 밑바닥에 깔아 놓았던 한 섬지기라는 거름이 차츰 그들을 여유한 생활로 이끌어, 몇백 원이란 돈이 눈앞에 굴게 되니 까닭없이 남편 되는 사람은 벙어리로서의 아내가 미워졌다.

조그만 실수가 있어도 눈을 흘겼다. 그리고 매를 내렸다. 이 사실을 아는 아버지는 그것은 들어오는 복을 차 버리는 짓이라고 타이르나 듣지 않았다. 그리하여, 부자간에 충돌이 때때로 일어났다. 이럴 때마다 아버지에게는 감히 하고 싶은 행동을 못 하는 아들은 그 분을 아내에게로 돌려 풀기가 일쑤였다.

"이년 보기 싫다! 네 집으로 가거라."

그리고 다음에 따르는 것은 매였다. 그러나 아다다는 참아 가며 아내로서의 그리고 며느리로서의 임무를 다했다.

이것이 시부모로 하여금 더욱 아다다를 귀엽게 만드는 것이어서, 아버지에게서 움직일 수 없는 며느리인 것을 깨닫게 된 아들은 가정적으로 불만을 느끼게 되어, 한 해의 농사를 지은 추수를 온통 팔아 가지고 집을 떠나서 마음의 위안을 찾아 돌다가 주색에 돈을 다 탕진하고 물거

품같이 밀려 돌아가 동무들과 짝지어 안동현으로 건너갔다.

그리하여, 이 투기적인 도시에서 뒹굴며 노동의 힘으로 밑천을 얻어선 '양화'와 '은떼루'에 투기하여 황금을 꿈꾸어 오던 것이 기적적으로 맞아나기 시작하여, 이태 만에는 2만 원에 가까운 돈을 손에 쥐게 되었다. 그리하여 언제나 불만이던 완전한 아내로서의 알뜰한 사랑에 주렸던 그는, 돈에 따르는 무수한 여자 가운데서 마음대로 흡족히 골라 가지고 집으로 돌아왔다.

그리고는 새로운 살림을 꿈꾸는 일변, 새로이 가옥을 건축함과 동시에 아다다를 학대함이 전에 비할 정도가 아니었다. 이에는, 그 아버지도 명민하고 인자한 남부끄럽지 않은 버젓한 새 며느리에게 마음이 쏠리는 나머지, 이미 생활은 걱정이 없이 되었으니 아다다의 것으로서가 아니라도 유족할 앞날의 생활을 돌아볼 때, 아들로서의 아다다에게 대하는 태도는 소모도 마음에 거슬리는 것이 없었다. 그리하여 시부모의 눈에서까지 벗어나게 된 아다다는 호소할 곳조차 없는 사정에, 눈감은 남편의 매를 견디다 못해 집으로 쫓겨 오게 되었던 것이니, 생각만 하여도 옛 맷자리가 아픈 그 시집은 죽으면 죽었지 다시는 찾아갈 생각이 없었던 것이다.

그래서 집에 있게 되니 그것보다는 좀 헐할망정, 어머니의 매도 결코 견디기에 족한 것이 아니다. 그리고 그것은 날마다 더 심해만 왔다. 오늘도 조금만 반항이 있었던들, 어김없이 매는 떨어지고 말았을 것이다.

그러니 어디로 가나? 아무리 생각을 해 보아야 그저 이 세상에서는 수롱이네 집밖에 또 찾아갈 곳은 없었다.

수롱은 부모 동생조차 없는 삼십이 넘는 총각으로, 누구보다도 자기를 사랑하여 준다고 믿는 단 한 사람이었다. 그리하여 쫓기어날 때마다 그를 찾아가선 마음의 위안을 얻어 오던 것이다.

아다다는 문득 발걸음을 떼어 아지랑이 어른거리는 마을 끝 산턱 아래 떨어져 박힌, 한 채의 오막살이를 향하여 마당귀를 꺾어돌았다.

수롱은 벌써 일 년 전부터 아다다를 꾀어 왔다. 시집에서까지 쫓겨난 벙어리였으나, 김 초시의 딸이라, 스스로도 낮추 보여지는 자신으로서는 거연히 염을 내지 못하고 뜻있는 마음을 건네 볼 길이 없어 속을 태워 가며 눈치만 보아 오던 것이, 눈치에서보다는 베풀어진 동정이 마침내 아다다의 마음을 사게 된 것이었다.

아이들은 아다다를 보기만 하면 따라다니며 놀렸다. 아니, 어른들까지도 '아다다, 아다다' 하고 골을 올려서, 분하나 말을 못하고 이상한 시늉을 하며 두덜거리는 것을 봄으로써 행복을 느끼는 듯이 좋아라고 손뼉을 치며 웃었다.

그래서 아다다는 사람을 싫어하였다. 집에 있으면 어머니의 욕과 매, 밖에 나오면 뭇 사람들의 놀림, 그러나 수롱이만은 자기를 사랑하는 것이었다. 아이들이 따라다닐 때에도 남 아니 말려 주는 것을 그는 말려 주고, 그리고 매에 터질 듯한 심정을 풀어 주는 것이었다.

그리하여 아다다는 마음이 불편할 때마다 수롱을 생각해 오던 것이, 얼마 전부터는 찾아다니게까지 되어 동네의 눈치에도 어느덧 오른 지 오래었다.

그러나 아다다의 집에서도 그 아버지만이 지체를 가지기 위하여 깔맵게 아다다의 행동을 경계하는 듯하고, 그 어머니는 도리어 수롱이와 배가 맞아서 자기 눈앞에 보이지 아니하고 어디로든지 달아났으면 하는 눈치를 알게 된 수롱이는 지금에 와서는 어느 정도까지 내어놓다시피 그를 사귀어 온다.

아다다는 제 집이나처럼 서슴지도 않고 달리어 오자마자 수롱이네 집 문을 벌컥 열었다.

"아, 아다다!"

수룡은 의외에 벌떡 일어섰다.

"너 또 울었구나!"

울었다는 것이 창피하긴 하였으나, 숨길 차비가 아니다. 호소할 길 없는 가슴속에 꽉 찬 설움은 수룡이의 따뜻한 위무가 어떻게도 그리웠는지 모른다.

방 안에 들어서기가 바쁘게 쫓기어난 이유를 언제나같이 낱낱이 말했다.

"그러기 이젠 아야, 다시는 집으로 가지 말구 나하구 둘이서 살아, 응?"

그리고 수룡은 의미 있는 웃음을 벙긋벙긋 웃어 가며 아다다의 등을 척척 두드려 달랬다. 오늘은 어떻게 해서든지 자기의 것으로 영원히 만들어 보고 싶은 욕망에 불탔던 것이다.

그러나 아다다는,

"아다 무 무서! 아바 무 무서! 아다 아다다다!"

하고, 그렇게 한다면 큰일난다는 듯이 눈을 둥그렇게 뜬다. 집에서 학대를 받고 있느니보다는 수룡의 사랑 밑에서 살았으면 오죽이나 행복되랴! 다시 집으로는 아니 들어가리라는 생각이 없었던 바도 아니었으나, 정작 이런 말을 듣고 보니, 무엇엔지 차마 허하지 못할 것이 있는 것 같고, 그렇지 않은지라 눈을 부릅뜨고 수룡이한테 다니지 말라는 아버지의 이르던 말이 연상될 때 어떻게도 그 말은 엄한 것이었다.

"우리 둘이 달아났음 그만이디 무섭긴 뭐이 무서워?"

"······."

아다다는 대답이 없다.

딴은 그렇기도 한 것이다. 당장 쫓기어난 몸이 갈 곳이 어딘고? 다시 생각을 더듬어볼 때 어머니의 매는 아버지의 그 눈총보다도 몇 배나 더한 두려움으로 견딜 수 없이 아픈 것이다. 그러마고 대답을 못하고 거역한 것이 금세 후회스러웠다.

"안 그래? 무서울 게 뭐야. 이젠 아야 집으루 가지 말구 나하구 있어, 응?"

"응, 아다 이 있어, 아다 아다."

하고 아다다는 다시 있자는 수롱이의 말이 나오기를 기다렸던 듯이, 그리고 살 길은 이제 찾았다는 듯이, 한숨과 같이 빙긋 웃으며 있겠다는 뜻을 명백히 보이기 위하여 고개를 주억이며 삿바닥을 손으로 툭툭 두드려 보인다.

"그렇지 그래, 정 있으야 돼, 응?"

"응, 이서 이서 아다 아다."

"정말이야?"

"으, 응 저 정 아다 아다."

단단히 강문을 받고 난 수롱이는 은근히 솟아나는 미소를 금할 길이 없었다.

벙어리인 아다다가 흡족할 이치는 없었지만, 돈으로 사지 아니하고는 아내라는 것을 얻어 볼 수 없는 처지였다. 그저 생기는 아내는 벙어리였어도 족했다. 그저 자기의 하는 일이나 도와주고 아들, 딸이나 낳아 주었으면 자기는 더 바랄 것이 없었다. 아내를 얻으려고 십여 년 동안을 불피풍우(비바람을 무릅쓰고 일을 함) 품을 팔아 궤 속에 꽁꽁 묶어 둔 일백오십 원이란 돈이 지금에 와서는, 아내 하나를 얻기에 그리 부족한 것은 아니나, 장가를 들지 아니하고 아다다를 꾀여 온 이유도, 아다다를 꾀이므로 돈을 남겨서, 그 돈으로는 살림의 밑천을 만들어 가정의 마루를 얻자는 데서였던 것이다. 이제 그 계획이 은근히 성공에 가까워 옴에 자기도 남과 같이 가정을 이루어 보게 되누나 하니, 바라지도 못하였던 인생의 행복이 자기에게도 이제 찾아오는 것 같았다.

"우리 아다다."

수롱이는 아다다의 등에 손을 얹으며 빙그레 웃었다.

"아다 아다."

아다다도 만족한 듯이 히쭉 입이 벌어졌다.

그날 밤은 수롱의 품 안에서 자고 난 아다다는 이미 수롱의 아내 되기에 수줍음조차 잊었다. 아니, 집에서 자기를 받들어 들인다 하더라도 수롱을 떨어져서는 살 수 없으리만큼 마음은 굳어졌다. 수롱이가 주는 사랑은 이 세상에서는 더 찾을 수 없는 행복이리라 느끼어졌던 것이다.

그러나 영원한 행복을 위하연 이 자리에 그대로 박혀서는 누릴 수 없을 것이 다음에 나온 근심이었다. 수롱이와 같이 살자면, 첫째 아버지가 허하지 않을 것이요, 동네 사람도 부끄럽지 않은 노릇이 아니다. 이것은 수롱이도 짐짓 근심이었다. 밤이 깊도록 의논을 하여 보았으나 동네를 피하여 낯 모르는 곳으로 감쪽같이 달아나는 수밖에는 다른 묘책이 없었다.

예식 없는 가약을 그들은 서로 맹세하고 그 날 새벽으로 그 마을을 떠나, 신미도라는 섬으로 흘러가서, 그 곳에 안주를 정하였다. 그러나 생소한 곳이므로, 직업을 찾을 길이 없었다. 고기를 잡아먹고 사는 섬이라, 뱃놀음을 하는 것이 제 길이었으나, 이것은 아다다가 한사코 말렸다. 몇 해 전에 자기네 동네에서도 농토를 잃은 몇몇 사람이 이 섬으로 들어와 첫 배를 타다가 그만 풍랑에 몰살을 당하고 만 일이 있던 것을 잊지 못하는 때문이었다.

그렇지 않은지라, 수롱이조차도 배에는 마음이 없었다. 섬으로 왔다고는 하지만 땅을 파서 먹는 것이 조마구 빨 때부터 길러 온 습관이요,

손 익은 일이었기 그저 그 노릇만이 그리웠다.

그리하여 있는 돈으로 어떻게 해서, 밭날갈이나 사서 조 같은 것이나 심어 가지고 겨울의 시탄과 양식을 대게 하고 짬짬이 조개나 굴, 낙지, 이런 것들을 캐어서 그날 그날을 살아갔으면 그것이 더할 수 없는 행복일 것만 같았다.

그러지 않아도 삼십 반생에 자기의 소유라고는 손바닥만한 것조차 없어, 어떻게도 몽매에 그리던 땅이었는지 모른다. 완전한 아내를 사지 아니하고 아다다를 꾀여 온 것이 이 소유욕에서였다. 아내가 얻어진 이제, 비록 많지는 않은 땅이나마 가져 보고 싶은 마음도 간절하였거니와, 또는 그만한 소유를 가지는 것이 자기에게 향한 아다다의 마음을 더욱 굳게 하는 데도 보다 더한 수단일 것 같았기 때문이다.

그런데다, 본시 뱃놀음판인 섬인데, 작년에 논지기가 잘 되었다 하여 금년에 와서 더욱 시세를 잃은 땅은, 비록 때가 기경시라 하더라도 용히 살 수까지 있는 형편이었으므로, 그렇게 하리라 일단 마음을 정하니, 자기도 땅을 마침내 가져 보누나 하는 생각에 더할 수 없는 행복을 느끼며 아다다에게도 이 계획을 말하였다.

"우리 밭을 한 떼기 사자, 그래두, 농사 허야 사람 사는 것 같다. 내가 던답을 살라구 묶어 둔 돈이 있거던."
하고 수롱이는 보라는 듯이 실겅 위에 얹힌 석유통 궤 속에서 지전 뭉치를 뒤져 내더니, 손끝에다 발라 가며 펄딱펄딱 뒤어 보인다.

그러나 그 돈을 본 아다다는 어쩐지 갑자기 화기가 줄어든다.

수롱이는 그것이 이상했다. 돈을 보면 기꺼워할 줄 알았던 아다다가 도리어 화기를 잃은 것이다. 돈이 있다니 많은 줄 알았다가 기대에 틀림으로서인가?

"이거 봐! 그래 봬두, 이게 1천5백 냥이야. 지금 시세에 밭 이천 평은 한참 놀다가두 떡 먹두룩 살 건데!"

그래도 아다다는 아무 대답이 없다. 무엇 때문엔지 수심의 빛까지 역연히 얼굴에 떠오른다.

"아니, 밭이 이천 평이문 조를 심는다 하구, 잘만 가꿔 봐, 조가 열 섬에 조 짚이 백여 목 날 터이야. 그래, 이걸 개지구 겨울 한동안이야 못 살아? 그렇거구 둘이 맞붙어 몇 해만 벌어 봐. 그 적엔 논이 또 나오는 거야. 이거 괜히 생……."

아다다는 말없이 머리를 흔든다.

"아니, 내레 이게, 거즈뿌래기야? 아 열 섬이 못 나?"

아다다는 그래도 머리를 흔든다.

"아니, 고롬 밭은 싫단 말인가?"

"아다 시 싫어."

그리고 힘없이 눈을 내리깐다.

아다다는 수룡이에게 돈이 있다 해도 실로 그렇게 많은 돈이 있는 줄은 몰랐다. 그래서 그 많은 돈으로 밭을 산다는 소리에, 지금까지 꿈꾸어 오던 모든 행복이 여지없이도 일시에 깨어지는 것만 같았던 것이다. 돈으로 인해서 그렇게 행복할 수 있던 자기의 신세는 남편(전남편)의 마음을 악하게 만듦으로써, 그리고 시부모의 눈까지 가리는 것이 되어, 필야엔 쫓겨나지 아니치 못하게 되던 일을 생각하면, 돈 소리만 들어도 마음은 좋지 않던 것인데, 이제 한푼 없는 알몸인 줄 알았던 수룡이에게도 그렇게 많은 돈이 있어, 그것으로 밭을 산다고 기꺼워하는 것을 볼 때, 그 돈의 밑천은 장래 자기에게 행복을 가져다 주기보다는 몽둥이를 가져다 주는 데 지나지 못하는 것 같았고, 밭에다 조를 심는다는 것은 불행의 씨를 심는다는 것만 같았기 때문이다.

아다다는 그저 섬으로 왔거니, 조개나 굴 같은 것을 캐어서 그날 그

날을 살아가야 할 것만이 수룡의 사랑을 받는 데 더할 수 없는 살림인 줄만 안다. 그래서 이러한 살림이 얼마나 즐거우랴! 혼자 속으로 축복을 하며 수룡을 위하여 일층 벌기에 힘을 써야 할 것을 생각해 오던 것이다.

"고롬 논을 사재나? 밭이 싫으문?"

수룡은 아다다의 의견이 알고 싶어 이렇게 또 물었다.

그러나 아다다는 그냥 힘없는 고개만 주억일 뿐이었다. 논을 산대도 그것은 꼭 같은 불행을 사는 데 있을 것이다. 돈이 있는 이상 어느 것이든지 간 사기는 반드시 사고야 말 남편의 심사이었음에 머리를 흔들어 댔자 소용이 없을 것이었다. 그리하여 그는 근본 불행인 돈을 어찌할 수 없는 이상엔 잠시라도 남편의 마음을 거슬러서 불쾌하게 할 필요는 없다고 아는 때문이었다.

"흥! 논이 도흔 줄은 너무 아누나! 그러나 가난한 놈에겐 밭이 논보다 나았디 나아."

하고 수룡이는 기어이 밭을 사기로, 그 달음에 거간을 내세웠다.

그날 밤.

아다다는 자리에 누웠으나 잠이 오지 않았다.

남편은 아무런 근심도 없는 듯이 세상 모르고 씩씩 초저녁부터 자 대건만, 아다다는 그저 돈 생각을 하면 장차 닥쳐올 불길한 예감에 잠을 이룰 수가 없었다. 이불을 붙안고 밤새도록 뒤어틀며 아무리 생각을 해야, 그 돈을 그대로 두고는 수룡의 사랑 밑에서 영원한 행복을 누릴 수 있으리라고는 믿기지 않았다.

짧은 봄 밤은 어느덧 새어, 새벽을 알리는 닭의 울음소리가 사방에서 처량히 들려온다.

밤이 벌써 새누나 하니, 아다다의 마음은 더욱 조급하게 탔다. 이 밤으로 그 돈에 대한 처리를 하지 못하는 한, 내일은 기어이 거간이 밭을 흥정하여 가지고 올 것이다. 그 때면 남편은 늘어 가는 돈에 따라 차차 눈은 어둡게 되어 점점 정은 멀어만 가게 될 것이다. 그 다음에는 더 생각하기조차 무서웠다.

닭의 울음소리에 따라 날은 자꾸만 밝아 온다. 바라보니 어느덧 창은 희그스름하게 비친다.

아다다는 더 누워 있을 수가 없었다. 옆에 누운 남편을 지그시 팔로 밀어 보았다. 그러나 움쩍하지도 않는다. 그래도 못 믿기는 무엇이 있는 듯이 남편의 코에다 가까이 귀를 가져다 대고 숨소리를 엿들었다. 씨근 씨근 아직도 잠은 분명히 깨지 않고 있다. 아다다는 슬그머니 이불 속을 새어 나왔다. 그리고 실겅 위의 석유통을 휩쓸어 그 속에다 손을 넣었다. 그리하여 마침내 지전 뭉치를 더듬어서 손에 쥐고는 조심조심 발자국 소리를 죽여 가며 살그머니 문을 열고 부엌으로 내려갔다.

그리고는, 일찍이 아침을 지어 먹고 나무새기를 뽑으러 간다고 바구니를 끼고 바닷가로 나섰다. 아무도 보지 못하게 깊은 물 속에다 그 돈을 던져 버리자는 것이다.

솟아오르는 아침 햇발을 받아 붉게 물들며 잔뜩 밀린 조수는 거품을 부걱부걱 토하며 바람결조차 철썩철썩 해안을 부딪친다.

아다다는 바구니를 내려놓고 허리춤 속에서 지전 뭉치를 쥐어들었다. 그리고는 몇 겹이나 쌌는지 알 수 없는 헝겊 조각을 둘둘 풀었다. 헤집으니 1원짜리, 5원짜리, 10원짜리 무수한 관 쓴 영감들이 나를 박대해서는 아니 된다는 듯이, 모두들 마주 바라본다. 그러나 아다다는 너 같은 것을 버리는 데는 아무런 미련도 없다는 듯이, 넘도는 물결 위에다 휙 내어뿌렸다. 세찬 바닷바람에 채인 지전은 바람결 좇아 공중으로 올라가 팔랑팔랑 허공에서 재주를 넘어 가며 산산이 헤어져, 멀리, 그리고 가깝게 하나씩하나씩 물 위에 떨어져서는 넘노는 물결조차 잠겼다 떴다 숨바꼭질을 한다.

어서 물 속으로 가라앉든지, 그렇지 않으면 흘러 내려가든지 했으면 하고 아다다는 멀거니 서서 기다리나, 너저분하게 물 위를 덮은 지전 조각들은 차마 주인의 품을 떠나기가 싫은 듯이 잠겨 버렸는가 하면, 다시 기웃거리며 솟아올라서는 물 위를 빙글빙글 돈다. 하더니, 썰물이 잡히기부터 할 수 없는 듯이 슬금슬금 밑이 떨어져 흐르기 시작한다.

아다다는 상쾌하기 그지없었다. 밀려 내려가는 무수한 그 지전 조각들은, 자기의 온갖 불행을 모두 거두어 가지고 다시 돌아올 길이 없는 끝없는 한바다로 내려갈 것을 생각할 때 아다다는 춤이라도 출 듯이 기꺼웠다.

그러나 그 돈이 완전히 눈앞에 보이지 않게 흘러 내려가기까지에는 아직도 몇 분 동안을 요하여야 할 것인데, 뒤에서 허덕거리는 발자국 소리가 들리기에 돌아다보니 뜻밖에도 수룡이가 헐떡이며 달려오는 것이 아닌가.

"야! 야! 아다다야! 너 돈 돈 안 건새핸? 너 돈 돈 말이야, 돈 돈⋯⋯?"
청천의 벽력 같은 소리였다.

아다다는 어쩔 줄을 모르고 남편이 가까이 이르기 전에 어서어서 물결은 휩쓸려 돈을 모두 거둬 가지고 흘러 버렸으면 하나, 물결은 안타깝게도 그닐그닐 한가히 돈을 이끌고 흐를 뿐, 아다다는 그 돈이 어서 자기의 눈앞에서 자취를 감추어 버리는 것을 보기 위하여 그닐거리고 있는 돈 위에 쏘아박은 눈을 떼지 못하고 쩔쩔매는 사이, 마침내 달려오게 된 수룡이 눈에도 필경 그 돈은 띄고야 말았다.

뜻밖에도 바다 가운데 무수하게 지전 조각이 널려서 앞서거니 뒤서거니, 둥둥 떠내려가는 것을 본 수룡이는 아다다에게 그 연유를 물을 필요도 없이 미친 듯이 옷을 훨훨 벗고 첨버덩 물 속으로 뛰어들었다.

그런, 헤엄을 칠 줄 모르는 수룡이는 돈이 엉키어 도는 한복판으로 들어갈 수가 없었다. 겨우 가슴패기까지 잠기는 깊이에서 더 들어가지 못하고 흘러 내려가는 돈더미를 안타깝게도 바라보며 허우적허우적 달려갔다. 차츰 물결은 휩쓸려 떠내려가는 속력은 빨라진다. 돈들은 수룡이더러 어디 달려와 보라는 듯이 휙휙 소꾸막질을 하며 흐른다. 그러나 물결이 세어질수록 더욱 걸음발은 자유로 놀릴 수가 없게 된다. 더퍽더퍽물과 싸움이나 하듯 엎어졌다가는 일어서고 일어섰다가는 다시 엎어지며 달려가나 따를 길이 없다. 그대로 덤비다가는 몸조차 물 속으로 휩쓸려 들어갈 것 같아 멀거니 서서 바라보니 벌써 지전 조각들은 가물가물하고 물거품인지 지전인지도 분간할 수 없으리만큼 먼 거리에서 흐르고 있다. 그러나 그것도 한순간이었다. 눈앞에는 아무것도 보이는 것이 없다. 휙휙 하고 밀려 내려가는 거품진 물결뿐이다.

수룡이는, 마지막으로 돈을 잃고 말았다고 아는 정도의 물결 위에 쏟아진 눈을 돌릴 길이 없이 정신 빠진 사람처럼 그냥그냥 바라보고 섰더니, 쏜살같이 언덕켠으로 달려오자 아무런 말도 없이, 벌벌 떨고 섰는 아다다의 중동을 사정없이 발길로 제겼다.

"흥앗!"

소리가 났다고 하는 순간, 철썩 하고 감탕이 사방으로 튀자 보니, 벌써 아다다는 해안의 감탕판에 등을 지고 쓰러져 있다.

"이──이──이……."

수룡이는 무슨 말인지를 하려고는 하나, 너무도 기에 차서 말이 되지를 않는 듯 입만 너불거리다가 아다다가 움찍하는 것을 보더니 아직도 살았느냐는 듯이 번개같이 쫓아 내려가 다시 한 번 발길로 제겼다.

푹! 하는 소리와 같이 아다다는 가꿈선 언덕을 떨어져 덜덜덜 굴러서 물 속에 잠긴다.

한참 만에 보니 아다다는 복판도 한복판으로 밀려가서 솟구어 오르며 두 팔을 물 밖으로 허우적거린다. 그러나 그 깊은 파도 속을 어떻게 헤어나랴! 아다다는 그저 물 위를 둘레둘레 굴며 요동을 칠 뿐, 그러나 그것도 한순간이었다. 어느덧 그 자체는 물 속에 사라지고 만다.

주먹을 부르쥔 채 우상같이 서서, 굼실거리는 물결만 그저 뚫어져라 쏘아보고 섰는 수룡이는 그 물 속에 영원히 잠들려는 아다다를 못 잊어 함인가? 그렇지 않으면 흘러 버린 그 돈이 차마 아까워서인가?

짝을 찾아 도는 갈매기 떼들은 눈물겨운 처참한 인생 비극이 여기에 일어난 줄도 모르고 '끼약 끼약' 하며 흥겨운 춤에 훨훨 날아다니는 깃치는 소리와 같이 해안의 풍경만 도웁고 있다.

병풍에 그린 닭이

사흘이면 끝을 내던 이 굵은 넉새 삼베 한 필을 나흘째나 짜는데도 끝은 안 났다. 오늘까지 끝을 못 내면 메밀알 같은 그 시어미의 혀끝이 또 오장육부까지 한바탕 할퀴 낼 것을 모름이 아니나, 손에 붙지 않는 베라 하는 수가 없다.

박씨는 몇 번이나 이래서는 안 되겠다 마음을 새려먹고, 놓았다가는 다시 북을 들어들고 쨍쨍 놓고 쨍쨍 분주히 짜 보나, 북 속에 잠긴 실은 풀려만 가는데도 가슴에 얽힌 원한은 맺혀만 가, 그만 저도 모르게 북을 놓고는 멍하니 설움에 잠기게 되는 것이다.

생각하면 참 눈에서 피가 쏟아지는 듯하였다. 하기야 애를 못 낳는 죄가 자기에게 있다고는 하지만 남편까지 이렇게도 정을 뗄 줄은 참으로 몰랐던 것이다. 어떻게도 섬겨 오던 남편이었던고?

돌아보면 그게 벌써 십년 전——시집이라고 와 보니 남편이란 것은 코간수도 할 줄 몰라서 시퍼런 콧덩이를 입에다 한입 물고 훌쩍이지를 않나, 대님을 바로 칠 줄 몰라서 아침 한동안을 외로 넘겼다 바로 넘겼다——남이 볼까 창피하여 시부모의 눈을 피해 가며 짬짬이 코를 닦아 주고, 아침마다 대님을 쳐까지 주어 자식같이 길러 낸 남편이요, 그날그날의 끼니에 좇아 군색하여 먹기보다 굶기를 더 잘하는 가난한 살림살이를 어린 몸이 혼자 맡아 가지고 삯김, 삯베, 생선자백이는 몇 해나

였으며, 심지어는 엿 광주리까지 이어, 그래도 남의 집에 쌀 꾸러는 아니 다니게 만들어 신세를 고쳐 놓은 것이 결코 죄 될 일은 없으련만, 이건, 다자꾸 애를 못 낳는다고 시어미는 이리도 구박이요, 남편은 이리도 정을 떼는 것이다.

글쎄 뉘가 애를 낳고 싶지 않아 안 낳냐고 성주님께 빌기는 몇 번이나 했는데——불공도 드리기를 철 따라 게을러 본 적이 없다. 그래도 안 생기는 것을 어쩌자고…….

생각할 때마다 아픈 눈물이 가슴을 찢으며 나왔다.

그러나 그것이 자기의 죄임에는 틀림없다. 집안의 절대를 생각해도 그렇거니와, 나이 근 사십에 남 같으면 벌써 아들이라, 딸이라, 삼사 형제를 슬하에 올망졸망 놓고 흥지낙지할 것인데, 도무지 사람 사는 것 같지가 않게 밤낮 수심으로 한숨만 짓고 앉았는 남편이 하도 가긍해서 언젠가는,

"이젠 난 아들 못 낳갔넝거우다. 첩이래두 얻어 보구레."

하니,

"글쎄 첩을 얻으문 집안이 편안하야디. 그르문 님재레 더 불쌍하디 않갔습마?"

이렇게 자기를 위하여 자제까지 하다 얻은 그러한 첩이다.

그렇게 얻은 첩에게 이제 남편은 빠졌다. 처음에는 그래두 며칠 만에 한 번씩은 자기 방에도 들어와 잘 줄을 알더니, 이 봄을 잡으면서는 그림자도 얼씬하지 않는다. 이것이 무엇을 말하는 것일꼬. 시어미야 아무리 구박을 주어도 남편의 정만 있으면 살지 하고 한뜻같이 그 시어미를 섬겨 왔고, 남편은 또 어머니를 글다 자기 편을 들어 왔다. 그러나 이젠 남편마저 어머니 편이다. 누굴 믿고 살아야 하나? 아무캐서도 첩년보다 자기가 시퍼런 아들을 하나 먼저 낳아, 가시 돋친 시어미의 혀끝을 다

듬고 첩년에게 빼앗긴 남편의 정을 온통 끌어다 평화로운 가정을 만들어 놓아야 할 텐데. 그래서 어디 선달네 굿에나 한 번 더 가서 애를 빌어 보리라 총알같이 벼러 왔으나, 그것도 임의롭지 못하다. 어제도 굿 이야기를 했다가 퉁바리를 썼다. 그러나 오늘 밤까지 굿은 끝나고 만다. 아무리 생각해도 욕이 무섭다고 이 좋은 기회를 놓치기는 차마 아깝다. 박씨는 다시 잡았던 북을 놓고 베틀을 내려 건넌방으로 건너갔다. 한 번 더 시어미의 의향을 품해 보자는 것이다.

"오마니! 아무래두 굿에 가 보야가시오."

시어미는 들었는지 말았는지 머리를 숙인 그대로 결던 꾸리만 그저 겨를 뿐이다.

"그래두 알갔소, 선앙님(성황님)이 복을 줄디."

"아아니, 이년이 요즘엔 바람이 났나 보드라. 짜래는 베는 안 짜구 날마다 먼 산만 멍하니 바라보고 앉었더니 글쎄, 무슨 일을 내구야 말디. 시퍼렇게 젊은 년이 가랭이를 벌리구 서나덜이 우글부글하는 굿구경을 간다!"

과하다. 가슴이 미어지는 듯하다. 이렇게도 말을 할 수가 있나? 분한 생각을 하면 마주 대항을 하여 될 대로 되라 가슴 속에 구긴 분을 풀어도 보고 싶었으나, 시어미의 말대답을 며느리 된 도리에 받는 수가 없다.

"아이고 오마니! 거 무슨 말씀이오? 그래두 내 몸에 자식이 나야 안 되갔소? 온나줴 오마니 제레 아무래두 명미 한 되만 개지구 가 볼래요."

"아이구 참, 집안이 망헐내문 페난이나 망하디. 메느리 바람 널었대는 소문 냉기구 망할 건 머잉고, 귀떼기레 있으문 너두 동내서 너까타나 쉴쉴 허는 소리를 들었갔구나 에, 이년아."

"놈이야 아무랬댐 멜 허우 나만 안 그랬음은 되디요. 아무래두 갔다 올래요."

"아 이년아! 아무래두 갔다 오갔댐엔 나 있는 덴 와 와서 이리 수선이냐, 수선이. 응, 이년이 굿 핑계를 대구 무슨 수를 푸이누라구? 다 알디 다 알아, 이년 네, 오늘 저녁 선달네 굿엘 어디 갔단 봐라, 내 집 문턱에 발을 못 들어 놓으리라, 볼래 야레 미물이디 미물이야 그래두 데따운 년을 에미네라구……."

박씨는 더 말하고 싶지 않았다.

만일 남편이 이 소리를 들었으면 나를 화냥년이라고 당장 내어쫓을까? 아니, 아무리 정은 첩년에게 갈렸다고 하더래도 십여 년을 같이 살던 내 마음을 몰라줄 리는 없을 거야. 그 입에 담지 못할 험담으로 나를 집어먹으려는 그 입놀림을 남편이야 마뜩해 곧이들으리! 박씨는 도리어 남편이 이 소리를 좀 들었더면 오히려 속이 시원할 것 같다. 아무리 몰인정한 사람이기로 애매한 누명을 뒤집어쓰는 이 나를 보고 짐승이 아닌 다음에야 내 이 터져 오는 가슴을 마음으로라도 어루만져는 주겠지 하니, 남편이 그립기 그지없다. 장에서 돌아오기만 하면 이런 소리를 반반이 외어 바치고 가슴속에 서린 분을 풀어 보고 싶다. 그래서 남편이 내 맘을 알아만 준다면 명미도 아니 줄 리 없을 것이니…….

생각을 하며 박씨는 가슴에 넘쳐흐르는 울분을 삼키고 다시 베틀로 돌아왔다.

참으려야 참을 수 없는 눈물이 가슴을 할퀴기 시작한다. 마음놓고 실컷 울기나 하면 분이 풀릴까 참기도 어려웠으나 참으려고도 아니하고 그냥그냥 울다 보니 뱃바닥 위에는 어느 새 벌써 은하수같이 기다란 해 그림자가 꼬리를 길게 달고 가로누웠다.

뱃바닥 위에 해 그림자가 가로누우면 또 저녁을 지어야 하는 것이다. 박씨는 치마폭을 걷어 눈물을 씻고 일어섰다.

저녁을 먹고 나서도 남편은 돌아오지 않는다. 이제나 돌아오려나 문 밖에 나서니, 은은히 들려오는 선달네 굿소리!

둥둥둥 둥둥둥!

둥둥둥 둥둥둥!

한참 흥에 겨워 치는 장구 소리다.

이 소리에 박씨의 마음은 더욱 초조하다. 그래도 달려가기만 하면 신령님은 복을 한아름 칵 안겨 줄 것 같다.

아이, 그이가 오늘은 또 속상하는 김에 술을 잡수셨나 보지, 들락날락 기다리나 어둠이 짙어 가는데도 돌아오는 기척이 없다. 박씨는 안타까웠다. 어둠은 점점 짙어 가는데 그러다 굿이 끝나면 하는 생각은 그대로 참지는 못하게 했다. 아이를 못 낳는 한 그러지 않으면 시어미의 그 욕을 면해 볼 도리가 있을까? 시어미 눈야 얼마든지 피해 갈 수 있을 것이나 시어미의 치마끈에 매달린 고방문 쇠를 어찌할 수 없으매, 복을 빌 명미를 낼 수 없음이 자못 근심일 따름이다. 그러나 그렇다고 또한 이 밤을 그대로 보낼 수는 없다. 생각다 못하여 박씨는 애지중지 농 밑에 간직해 두었던 은 바늘통을 뒤져 냈다. 이것은 어머니가 시집올 때 노리개두 못 해 주는데 이것이나 하나 해 줘야 된다고 옥수수 엿 말을 팔아서 만들어 준 것으로 자기의 세간에 있어선 다만 하나의 보물이었다. 그러나 박씨는 이제 자식을 빌러 가는 명미의 밑천으로 그것을 팔자는 것이다.

바늘통을 뒤져 든 박씨는 한점의 미련도 없이 그것을 들고 동구 앞 주막집 뚜쟁이 늙은이를 찾아가 일금 이 원에 팔아서 입쌀 한 되, 백지 두 장을 사 들고 부랴부랴 선달네 굿터로 달려갔다.

굿은 한참이었다. 사내, 계집, 어린이, 큰애, 늙은이, 젊은이 할 것 없이 동네 사람들은 거의가 다 모인 성싶게 마당으로 하나이 터질 듯 둘러섰다. 보니 그 안에선 떡이라, 고기라 즐비하게 차려 놓은 상을 좌우에 놓고 남색 쾌자에 흰 고깔을 쓴 무당이 장구에 맞추어 흥겨운 춤이 벌어져 있다.

박씨는 선달네 마누라에게 온 뜻을 말하고 놋바리 두 개를 얻어 담뿍 담뿍 쌀을 담아 정하게 백지를 깔고 굿상 위에 받쳐 놓았다. 복을 빌러 온 사람은 박씨 자기만이 아니었다. 남편이 앓아서 무꾸리를 온 색씨, 자손들을 잘살게 해 달라 공을 드리러 온 늙은이, 소를 잃고 점을 치러 온 사내──무어라 무어라 꼽을 수 없이 수두룩하다.

무당은 춤을 한참 추고 나더니, 복 빌러 온 사람들을 차례로 불러 복을 주기 시작한다. 박씨는 여덟 번째이었다.

"야들아!"

큰무당은 한참 장구에 흥겨운 시내들을 소리쳐 부른다.

"에에이!"

"어허니야 시내들아! 너희들 들어 봐라. 김해에 김만복이 서얼훈에 무자하야 목욕 재계 사흘 후에 성주님께 자식 빌려 명미 놓고 등대했다. 성주님을 모셔다가 옥동자 금동자를 오늘루서 주게 해라. 자아 노자! 노자 노자아 하!"

큰무당은 다시 팔을 벌려 춤을 을신을신 추기 시작하니 시내들은 또 엉덩춤에 장구다.

두둥 둥둥 둥둥둥…….

둥둥 둥둥 둥두둥…….

큰무당은 한참이나 춤을 추고 나더니, 박씨를 불러 자기가 입었던 쾌자를 벗어 입히고 고깔을 씌운다.

박씨는 자못 그것이 사람 많은 가운데서 부끄러운 노릇이나, 그것을 가릴 차비가 아니다. 무당이 시키는 대로 정성껏 받지 않으면 안 된다.

그러나 다만 한 가지 근심은 추어 보지 못한 춤이라, 어떻게 팔을 벌리고 다리를 놀려야 할지 알 수 없는 것이요, 그것이 서둘러서 뭇 사람들의 웃음거리가 되면 하는 것이 순간 낯을 붉히었으나, 자식을 비는 춤이어니 하면 저도 모르게 온 정신이 춤에만 쏠려들었다.

"성주님 오셨나이까 김해에 김만복이 일전에 자식 빌려 가노이다. 금동자를 주소서. 금동자를 주옵소서. 야들아! 시내들아! 자——때려라. 노자 노자——."

"에에이!"

큰무당의 호령에 시내들은 또 일제히 받으며 춤 장구를 울린다.

"쿵!"

박씨는 한 팔을 들었다.

"쿵! 쿵! 쿵덕쿵!"

장구 소리에 맞추어 박씨의 팔은 올라가고 내려오고, 처음 그 한 팔을 들기가 힘이 들었지, 들고 나니 아무것도 아니다. 들었다 놓았다 춤도 아주 곱다.

얼마 동안을 추고 난 뒤, 큰무당은 또 시내들을 불러 장구 소리를 멈추게 하고 박씨를 붙들어 쾌자와 고깔을 벗긴 다음, 명미 바리에서 쌀을 한 줌 집어내어 공중으로 올려 던졌다. 다시 그것을 잡아 가지고는 그것이 쌍이 맞나 안 맞나를 검사하여 안 맞으면 버리고, 맞으면 박씨를 준다. 그러면 박씨는 그것을 받아서 잘근잘근, 그러나 경건한 마음으로 씹어서 삼킨다. 그것이 복인 것이다. 무당은 그 쌍이 맞는 쌀알이 박씨의 나이와 같이 될 때까지 몇 차례를 거듭하고 나더니,

"어허니야아…… 아어허니야아……."

큰무당은 춤을 얼신얼신 추며,

"성주님이 김해에 김만복이 무자하사 천복 디복 다 주시다. 서른여섯

다섯 쌍이 다 맞아떨어졌다. 옥동자 금동자가 머지않어 생기리라. 성
  주님을 박대 마라. 신앙님을 박대 마라. 야! 박씨야아!"
하더니, 굿상 위에 괴어 놓았던 흰떡 한 개를 박씨의 치마를 벌리래서
집어넣는다.
  "이건, 금동자니라."
  또 한 개를 집어넣고,
  "이건, 옥동자니라."
  그러고 나서 냉큼냉큼 금 세 개를 연거푸 집어 주며,
  "옥동자 금동자 오 형제를 두었드라. 이 복 받아 성주님께 물려주고
  성공을 드려라 아아하아!"
하니, 박씨는 받은 떡을 떨어질세라, 조심히 치마귀를 둘러 싸안고 대문
으로 빠져 집으로 돌아왔다.
  그리고는 무당이 가르친 대로 뒤란 밤나무 밑 구석에, 오쟁이에 싸고 온
떡을 정성스레 하나하나 집어넣고 공손히 읍을 하여 허리를 굽혀 절을 하
였다.
  "성주님! 아무케두 자식을 낳게 해 줍소사."
  또 한 번 절을 하고 나서,
  "시어머니 마음을 고쳐 줍소사."
  또 절을 한 다음,
  "남편을 제 방으로 건너오게 해 줍소사."
  그리고 또 한 번 절을 하고는 조심조심 물러나, 뒤란을 돌아왔다.
  변씨의 방에는 불빛이 익은 꽈리처럼 지지울리게 창을 비친다.
  남편이 장에서 돌아왔나 가만가만히 문 앞으로 걸어가 엿들으니 사람
이 없는 듯이 방 안은 고요한데, 남편의 고무신도 변씨의 그것과 같이
가지런히 토방 위에 놓여 있다. 돌아오기는 왔다.

그러나 아직 잘 때는 아닌데 왜 이리 조용할꼬? 해어진 창틈으로 가만히 엿보니, 남편은 술이 취한 양, 아랫목에 번듯이 누웠고 변씨만이 등잔 앞에 펄짜기 앉아 남편의 해진 양말 뒤축을 꿰매고 있다.

박씨는 전에 달리 남편이 더욱 그리웠다. 행여나 오늘 밤은 제 방으로 건너와 주무시지 않으시려나? 자기의 돌아온 뜻을 알리려고,

"아까 어둡뚜룩 안 돌아오시드니 언제 돌아오셨나."

하며 벌컥 열었다.

그러나 남편은 세상 모르게 잠에 취했고, 변씨가 한 번 힐끗 마주 쳐다보더니,

"아니! 이 밤뚱에 함자 어딜 갔드랬소!"

가시가 숨은 말을 그저 한 번 던질 뿐, 눈은 다시 양말 뒤축으로 떨어진다. 남편이 그리운 생각을 하면 그 옆에라도 좀 앉았다 나오고 싶었으나 눈에 가시같이 변씨가 거슬린다.

"술을 또 잡디?"

박씨는 남편의 얼굴을 한 번 들여다보고는 돌아나와 자기 방으로 건너왔다. 등잔에 불을 켜고 앉으니, 울적한 마음 더 한층 새롭다. 이불도 펴 놓을 생념이 없어 그대로 초조하게 앉아서 혹시 남편의 잠이 깨지나 않나 정신을 변씨 방으로만 모았다.

그러나 아무리 앉아서 기다려야 남편이 깨는 기척은 들리지 않는다. 한 번 더 건너가 보리라 문을 여니 어느 새 변씨 방에는 불이 없다. 불 없는 방에 건너가선 안 된다. 우두커니 문을 열어 잡고 새카만 변씨 방을 건너다보는 박씨의 마음은 안타깝기 그지없었다. 울고 싶도록 마음은 아프다. 그러나 할 수 없는 일이다. 서러운 한숨을 저도 모르게 꺼질 듯이 쉬고 힘없이 문을 되닫았다. 새벽녘에야 겨우 눈을 붙였던 박씨는 참새 소리에 그만 잠이 깨었다. 처마 밑에 배겨 자던 참새가 포득포득

기어나올 때면 아침밥 차비를 하여야 되는 것이 습관적으로 그의 잠을 깨우는 것이었다. 박씨는 졸림에 주름지는 눈을 애써 비벼 뜨며 뒤란으로 돌아가 재 삼태기를 들고 부엌으로 내려갔다.

그러나 부엌에 발을 막 들여놓으려는 순간, 박씨는 뜻밖의 사실에 놀라고 문득 걸음을 세우지 않을 수 없었다. 어느 새 언제 나왔는지 전에 없이 시어미가 부엌에 나와 앉아서 쌀을 일고 있는 것이었다. 이상한 일이다. 박씨는 한참이나 그것을 멍하니 바라보다가,

"아니, 오마니! 와 일즉언이 나오셨소."

한 발을 마저 문턱 너머로 들여놓았다.

시어미는 일던 쌀만 그저 일 뿐 아무 대답도 없다.

"아이구, 오마니두! 아침엔 요좀두 추운데."

박씨는 자기가 쌀을 일려고 함박을 붙들었다.

"해가 대낮이 되두룩 자빠져 자다가 이제야 나와서 이리 수선이야, 이년이! 어드메 가서 밤을 밝케 개지구 와선…… 너 같은 더러운 년이 짓는 밥은 이젠 더러워 먹을 수 없다. 이거 썩 놔? 어즌낮엔 어디멜 갔든 게냐, 이년!"

박씨는 쥐었던 함박은 놓지도 주지도 못하고 섰다.

"야, 이년이 더럽대두 안 나가구 버티구 섰네. 안 나갈 테냐? 그래 야 있네? 야! 야! 만복이 있네? 아, 이년을 그래, 그대루 둔단 말이가? 계집년이 밖에 나가 밤을 새고 들어온 년을!"

시어미는 소리를 질러 아들을 부른다.

이에 응하여 쿵 하는 건넌방 문소리가 난다고 듣고 있는 순간, 턱 하는 소리와 같이 박씨는 함박을 쥔 채 부엌 바닥에 엎드러졌다. 어느 새 남편은 달려와 발길로 사정없이 둥둥을 제겼던 것이다.

"이년! 이 개만두 못한 쌍년! 어즌낮엔 어드메 갔드랜? 나래는 째끼는

못 낳구 한대는 게 서방질이로구나 잉? 이년! 제 서방두 모르게 바늘통을 내다 팔아 개지구 밤을 새와 들어오는 년이 화냥년이 아니구 그럼 머이가? 바늘통을 몰래 팔문 내레 모를 줄 알았든? 내레 주막에서 다 들어서. 이년 그래 내레 이년을 에미네라우 데리구서 에! 참 분하다."

박씨는 기가 막혔다. 정은 변씨한데 빼앗겼다 하더라도 그래도 어디론지 한껏 믿고 있던 남편의 입에서 이런 말이 나올 줄은 참으로 몰랐다. 아무리 시어미가 불어넣었기로서 믿지만 않다면야 이런 행동까지는 차마 없었을 것이다. 분한 생각을 하면 이 자리에서 죽더라도 같이 맞싸워 보고 싶으나, 그래도 남편이다. 그래서는 안 된다.

"아니, 여보! 이게 무슨 일이오? 난 당신이 이렇게 내 속을 몰라줄 줄은 몰랐수다레. 굿이 어즌낮이꺼지래기 당신은 당에 가서 오시지 않구 해서 아, 거길 갔다가 이내 와서 잤는데 멀 그르우?"

박씨는 아무렇지도 않다는 듯이 치마를 털고 일어서 청백한 나를 좀 보아 달라는 듯이 남편의 턱 아래로 기어들었다.

"이전 네까진 쌍년 소리 백번 해두 곧이 안 듣겠다. 이 쌍년 같으니 썩 게나가라."

그 억센 손이 끌채를 덥석 감아쥐는가 하니 사정없이 흔들며 끌어낸다.

"이년! 다시 내 집에 발길을 또 들여놓아라. 어디 가서 뒤지든지 도와허는 놈허구 맞붙어 살든지 내 집엔 다시 못 두로리라."

휙 잡아 둘러 놓으니, 박씨는 넘어지지 않으려고 비칠비칠 힘을 주다 못해 개바주 꿉에 번듯이 나가자빠진다.

박씨는 다시 일어나고 싶지도 않았다. 그냥 그 자리에서 죽고 싶었다. 남편에게까지 이 더러운 누명을 쓰고 살아서는 무엇 하나? 차라리 죽는 것이 편하리라. 그러나 목숨은 임의로 하는 수가 있나? 죽지 못할 바엔

남이 볼까 창피하다. 박씨는 일어났다.

그러나 대문은 걸렸다. 갈 데가 없다. 갑자기 몰렸던 설움이 물에 밀리는 모래처럼 터져나왔다. 친정이나 있으면 남같이 어머니나 찾아가지 않겠나? 아버지의 뒤를 좇아 어머니마저 돌아가신 지 오래다. 박씨는 생각다 못해 이 집에서 학대를 받고 붙어 사느니보다는 어디로든지 가는 것이 차라리 편하리라. 가다가 죽으면 죽고, 살면 살고 아무리 계집이기로 제몸 하나야 치지 못하리. 또, 치기 어려우면 시집이래두 가지. 남이라구 두 번 세 번 서방을 얻을까? 에구, 그 시어미 딸년, 첩년의 눈독——그만한 시집이야 어델 가면 없으리, 생각을 하며 박씨는 마을을 어이 돌아 신작로 큰길을 더듬어 나섰다.

하지만 무슨 미련이 뒤에 남았는지 차마 발길이 앞으로 내달아지지 않았다. 한 발걸음 두 발걸음 촌중을 살펴보고, 그리고 자기의 집을 찾아내고는 눈물을 흘렸다. 그런데다 방향조차 없는 길이다. 가다가는 산모퉁이에 힘없이 주저앉아 한숨을 짓다가는 다시 일어서 걷고, 걷다가는 또 쉬고 하기를 몇 번이나 반복을 하다가 이윽고 해는 저물어, 색시 적에 같이 엿장수를 다니던 조씨라는 엿장수 늙은이의 집을 찾아 들어가 그날 밤을 쉬기로 하고 저녁을 얻어먹었다.

그러나 먹고 누워서 피곤을 풀며 가만히 생각해 보니, 자기가 이까지 떠나온 것이 열 번 잘못 같게만 생각되었다. 비록 갈 데는 없으되 어디나 가서 자리를 잡고 정을 붙이면 못 살 것은 아니지만, 아무리 악한 시어미요, 이해 없는 남편이라 하더라도 이미 자기는 그 집 사람이었다. 어떠한 고초가 몸에 매질을 하더라도 그것을 무릅쓰고 그 집을 바로 세워 나가얄 것이 자기의 반드시 하여야 할 의무요, 짊어진 책임 같았다. 욕하면 먹고, 때리면 맞자. 욕도, 매도, 다 참으면 그만이 아닌가. 내가 왜 그 집 대문을 떠나 시퍼렇게 젊은 년이 뉘 집이라고 이 늙은이네 집에서 자려고 할까? 그만 것을 참지 못하여 마음을 달리 먹고 떠나온 것이 여간 마음에 뉘우쳐지는 것이 아니다. 병풍에 그린 닭이 홰를 치고 우는 한이 있다 하더라도 나는 그 집은 못 떠나야 옳다. 죽어도 그 집에서 죽고, 살아도 그 집에서 살아야 할 몸이다.

박씨는 다시 발길을 돌렸다.

이미 어둡기 시작한 날이라 이십 리나 걸어야 할 밤길이 적이 근심되었으나 가다가 죽는 한이 있다 하더라도 아니 돌아설 수가 없었다. 아득한 밤길을 헤엄이나 치듯 갈팡질팡 어둠쓰러 마을 앞까지 이르렀을 때는 밤도 이미 자정에 가까웠으리라. 고요한 정적에 잠겼는데, 이따금 개 소리만이 컹컹 하고 건너 산에 반영을 일으킨다.

박씨는 요행히 주막집에 불이 켜져 있는 것을 보고 달려가 아직 주머니 귀에 남아 있는, 바늘통을 판 밑천으로 양초 두 자루, 백지 다섯 장을 사 들고 우선 뒷산 서낭당으로 올라갔다. 자기의 지금까지의 그 잘못을 서낭님께 뉘우쳐 보자는 것이다.

초에다 불을 켜서 서낭님의 앞에 가지런히 한 쌍을 꽂아 놓고 공손히 읍을 하고 서서 오늘 하루의 지난 일을 눈물을 흘리며 뉘우쳤다.

그리고 시어미의 마음을 고쳐 달라 빌고, 남편을 이해시켜 달라 빈 다음, 아무럭해서도 자손을 보게 하여 남편의 그 수심을 하루바삐 풀게 해 주고 집안의 대를 이어 달라 간곡히 빌었다. 그리고 다시 절을 하고 나서 백지 다섯 장을 연거푸 소지를 올렸다.

그런 다음, 집으로 발길을 돌리며 내려다보니, 남편의 방에도 시어미의 방에도 아직 불은 빨갛게 켜져 있는데, 오직 자기의 방만이 홀로 어둠에 싸여서 어서 주인이 돌아와 밝혀 주기를 기다리는 듯하였다.

박씨는 불빛을 향하여 걸음을 재촉했다.

개 짖는 소리가 사탁 아래 또 들린다.

최 서방

1

새벽부터 분주히 뚜드리기 시작한 최 서방네 벼 마당질은, 해가 졌건만 인제야 겨우 부채질이 끝났다. 일꾼들은 어둡기 전에 작석을 하여 치우려고 부리나케 섬몽이를 튼다. 그러나 최 서방은 아침부터 찾아와 마당질이 끝나는 것이 귀치않다느니보다 죽기만치나 겁이 난 것이다.

그것은 하루에도 몇 번씩 찾아와 호미값이라 약값이라 하고 조르는 것을 벼를 뚜드려서 준다고 오늘내일 하고 밀어 오던 것인데, 급기야 벼를 뚜드리고 보니 그들의 빚은 갚기는커녕 송 지주의 농채도 다 갚기에 벼 한 알이 남아서지 않을 것 같아서 으레 싸움이 일어나리라 예상한 까닭이다.

"열 섬은 외상 없이 나지?"

사랑 툇마루 위에서 수판을 앞에 놓고 분주히 계산을 치고 앉았던 송 지주는 이렇게 물었다.

"열 섬이야 아마 더 나겠지요."

최 서방은 열 섬이 못 날 줄은 으레 짐작하지만 일부러 이렇게 대답을 했다.

"글쎄…… 그리고 벼는 충실하지."

지주는 놓았던 산알을 떨어 버리고 마당으로 내려와 들여놓은 벼를 여물기나 잘 하였나 하고 시험삼아 한 알을 골라 입 안에 넣고 까 보았다.

"암, 충실하고말고요. 이거야 소문난 변데요."

이것은 일꾼 중에 한 사람의 이야기였다.

섬몽이 틀기는 끝이 나고 이제는 작석이 시작되었다. 차인꾼들은 제각기 적개책을 꺼내어 든다.

"15원이니 섬 반은 주어야겠소."

호미값 차인꾼이 한 섬을 갓 되어 놓은 벼를 깔고 앉으며 이렇게 말을 건넨다.

"글쎄, 준다는데 왜 이리들 급하게 구오."

이것은 포목값 차인꾼이 들채는 소리였다.

"섬 반이고 반 섬이고 글쎄 벼를 팔아서야 돈을 갚아도 갚지, 있는 벼가 어디로 도망을 치겠기에 이리들 보채오."

최 서방은 위선 이렇게밖에 대답할 수 없었다.

"벼도 돈이고 벼값도 빤히 금이 났으니 어서들 갈라 주소. 괜히 이 치운데 어둡기나 전에 가게."

약값 차인꾼은 이렇게 말을 붙이고 또 한 섬을 깔고 앉는다.

"여보, 그것이 무슨 버릇들이오. 남의 벼를 그렇게 함부로 깔고 앉으니."

"그러니 날래들 갈라 주어요."

"글쎄 팔아서야 준다는데 무얼 갈라 달라고 그래요."

"그러면 그럼 오늘도 안 주겠다는 말이오, 말이?"

"안 주겠다는 게 아니라 벼를 팔아서 주마 하는데 되어 놓는 족족 한 섬씩 덮쳐 깔고 앉으니 어디 체면이 되었단 말이오, 그럼?"

"그래 오늘내일 하고 속여 온 당신의 체면은 그래서 잘됐단 말이오 그래?"

"오늘이야 글쎄, 벼를 팔아서야지요."

"그럼 오늘도 정말 안 줄 테요."

"아니, 못 주지요."

"정말."

"정말 아니고."

"정말."

"정말이야 글쎄."

"정말이야 글쎄가 무어야 이 자식!"

호미값 차인꾼은 분이 치밀어 푸들푸들 떨리는 주먹을 부르쥐고 최 서방의 턱 앞으로 바싹 다가섰다. 그리고 주먹을 훌끈 내밀었다.

최 서방은 '히' 하고 뒷걸음을 쳤다. 그러나 아무 반항도 안 했다.

작석은 또한 끝이 났다. 열 섬을 믿었던 벼는 겨우 여덟 섬에 그치고 말았다. 송 지주는 그것 가지고는 청장이 빳빳하다는 듯이 머리를 흔들며

"이번에도 회계가 채 안 되는군. 모두 52원인데."

하고 다시 계산을 틀어 본다.

"어떻게 그렇게 되오."

최 서방은 자기의 예산과는 엄청나게 틀린다는 듯이 깜짝 놀라며 이렇게 반문을 했다.

"본이 40원에 변을 12원 더 놓으니까."

"무어, 그 돈에다 변까지 놓아요."

"변을 안 놓으면 어쩌나. 나도 남의 돈을 빚낸 것인데."

"그렇다기로 변은 제해 주세요."

"그 돈으로 자네 부처가 일 년이란 열두 달을 먹고 산 것인데 변을

안 물단게. 안 돼 안 돼, 건."

그는 엉터리없는 수작이라는 듯이 '안 돼' 하는 '돼' 자에 힘을 주었다.

최 서방은 보통의 농채와도 다른 이물푼삯에 고가의 변을 지우는 데는 젖 먹던 밸까지 일어났으나, 송 지주의 성질을 잘 아는 그는 암만 빌어야 안 될 줄 알고 아예 아무 말도 안 했다. 실상 그는 말하기도 싫었던 것이다.

"그러니까 태반이 넉 섬씩이지. 10원씩 치고도 모자라는 12원을 어쩌나? 오라 가만있자. 또 짚이 있것다. 짚이 마흔 단이니까 스무 단씩이지. 그러면 한 단에 10전씩 치고 2원, 응응, 겨오 우수 떼 논 그래 10원은 어쩔 테야?"

그는 최 서방이 그리 해 주겠다는 승낙도 얻지 않고 자기 혼자 이렇게 결산을 치고 다짜고짜로 일꾼들을 시켜 한 섬도 남기지 않고 모두 자기네 곳간으로 끌어들였다.

행여나 벼로나 받을까 하고 온종일 추움에 떨면서 깔고 앉았던 볏섬을 놓아 준 차인꾼들은 마치 닭 쫓아가던 개가 지붕을 쳐다보는 격으로 눈들만 멀뚱멀뚱하여 어쩔 줄을 모르고 멀거니 서서 송 지주의 분주히 왔다갔다 하는 꼴만 쳐다보고 있었다. 그들은 한껏 분하면서도 우스웠다. 그래서 하하 하고 웃었다. 그러나 다시

"돈 내라, 이놈아!"

"오늘 저녁에 안 내면 죽인다."

"저렇게 속이기만 하는 놈은 주먹맛을 좀 단단히 보아야 아마 정신이 들걸."

하고 제각기 이렇게 부르짖으며 달려들었다. 그것은 마치 이제는 돈도 받기 글렀는데 그 사이에 품 놓고 다니던 분풀이로나 떼어 버리려는 듯

하였다.

그들은 골이 통통히 부어서 갖은 욕설을 허들이며 덤비었다. 호미값 차인꾼은 최 서방의 멱살을 붙잡았다.

"놓아, 이렇게 붙잡으면 누굴 칠 테야."

최 서방은 이제는 팔아서 준단 말도 할 수 없었다.

"못 치긴, 하는데 이놈아."

호미값 차인꾼은 최 서방의 귀 밑을 보기 좋게 한 대 갈겼다.

약값 차인꾼과 포목 차인꾼도 각각 한 대씩 갈겼다.

"아이."

최 서방은 뒤로 비칠비칠하며 전신을 떨었다.

그리고 당연히 맞을 것이라는 듯이 아무런 반항도 안했다.

"돈 내라, 이놈아!"

호미값 차인꾼은 이번에는 불두덩을 발길로 제겼다. 여러 차인꾼들도 또한 같이 제겼다.

"아이고!"

최 서방은 기절하여 번듯이 뒤로 나가넘어졌다. 넘어진 그의 코에서는 피가 흘렀다.

추움에서 떨던 차인꾼들은 땀이 흠뻑이 났다. 최 서방은 죽은 듯이 넘어진 그대로 여전히 누워 있었다. 한참 만에 그는 알뜰히 아픔을 강잉히 참는 듯이 얼굴을 찡그리고 이빨을 뿌득뿌득 갈며 허우적거렸다. 그리고 불두덩을 한 손으로 움켜쥐고 간신히 일어섰다. 그의 일어선 자리에는 코피가 군데군데 빨갛게 물들어 있었다.

그가 완전히 걸어 오막살이를 찾아 들어갈 때에는 날은 벌써 새까맣게 어두워 있었다.

2

최 서방에게 있어서 여름내 피땀을 흘리며 고생 고생 벌어 놓은 결정이라고는 오직 죽도록 얻어맞은 매가 있을 뿐이었다. 그 밖에는 아무러한 것도 없었다.

그는 밤이 깊도록 오력을 잘 못 썼다. 더구나 불두덩이 아파서 잘 일지도 못했다. 그는 이렇게 남 못 보는 고초를 맛보지만 어느 뉘더러 호소할 곳도 없었다. 있다면 오직 사랑하는 아내가 있을 뿐밖에. 다만 자기 혼자서 아파할 따름이었다.

그는 참으로 불쌍한 사람이었다. 이같이 불쌍한 처지에 있는 소작인이 이 나라에 가득한 것이 그것이지만 그 중에도 최 서방처럼 불행한 처지에 앉았는 사람은 별로 없을 것이다. 이렇게 그가 불행한 처지에 앉았게 된 원인은 오직 단순한 두 가지가 있을 뿐이다.

하나는 악독한 독사 같은 지주를 가졌다는 것이요, 하나는 그가 본래부터 성질이 착하다는 것이니, 모든 사람들은 정의와 인도를 벗어나 남의 눈을 감언이설로 속이어 가며 교활한 수단으로 목숨을 연명하여 가지만 이러한, 비인도적이요 비윤리적인 행동에는 조금도 눈떠 보지 않는 그에게는 밥이 생기지 않았다. 이따금 밥을 몇 끼씩 굶을 때에는 도적질이란 것도 생각해 본 적이 한두 번이 아니었지만, 이런 것을 생각할 때마다 비인도적이라는 것이 번개처럼 머리에 번쩍 떠오르곤 하여 그는 차마 그를 실행하지 못하였던 것이었다.

그가 이같이 착하니만치 그 방면에는 악독한 지주가 있어 이렇게 불쌍한 그의 피를 또한 빨아내는 것이었다.

예년은 말고 금년 일 년만 하더라도 이 동리 앞벌에 지독한 가뭄이

들어 모두들 볏모를 말라 죽이다시피 하였지만, 송 지주의 작인치고도 오직 최 서방 하나만이 인력으로는 도저히 인수할 수 없는 물을 빚을 얻어 가며 펌프를 세내어 물을 한 방울, 두 방울 빨아올리게 하여 볏모를 꾸준히 구하여 온 것이었다. 이렇게 그는 오직 살겠다는 생존욕에서 남이 아니하는 고생을 하여 가며 남 못하는 수확을 하였지만, 수확이라는 것을 걸금 주었던 송 지주의 빚이라는 것이, 고가의 이자까지 쓰고 나와 그로 하여금 도리어 가해를 지게 하여 그들의 피땀의 결정은 결국 송 지주네 고방으로 들어가게 된 것이었다. 그리고 보니 그는 당장에 먹을 것이 없는 것이라. 농사를 지어 줄 셈치고 안 쓸 수 없어 사소한 용처를 외상으로 맡아 썼던 것이 일이 이렇게 되고 보니까 매를 얻어맞는 경우에까지 이른 것이었다.

실상 그들의 빚은 송 지주의 그것과는 다른 관계로 감사히 절하고 갚아야 될 것이건만 더구나 호미값이란 잊을 수 없는 것이었다.

이 지방 풍속에 으레 소작인이 먹을 것이 없으면 추수를 할 때까지 식량을 지주가 당해 주는 법이건만, 유독 송 지주만은 먼저 당해 준 식량에 고가의 이자를 기위 계산을 틀어 가다가 추수에 넘치는 한이 있게 되면 예사로 그 때에는 잡아떼고, 작인은 굶어 죽든지 말든지 그것을 상관하지 않고 다시는 주지 않는 것이었다. 그래서 금년에 최 서방은 사흘이라는 기나긴 여름날을 굶다 못하여 이전부터 친분이 있던 이 고을에서 호미장사 하는 사람을 찾아가서 그런 사정을 말하였다.

그도 가난을 겪어 본 사람이라 지극히 불쌍히 여겨 호미를 두 포대나 맡아 준 것이었다. 그래서 최 서방네 내외는 주린 창자를 회복시켜 오늘까지 목숨을 이어 온 그러한 호미값이었다.

그런데 그는 오늘 마지막으로 뚜드린 벼를 지주의 권력에 못 이겨 이 아닌 추운 겨울에 쫓겨날까 두려워 호미값을 미리 끌어 주지 못하고 그의 빚에 그만 탕감을 치워 버린 것이었다.

3

최 서방은 지금 불김이 기별도 하지 않는 차디찬 냉돌에 누워서 발길에 차인 불두덩과 주먹에 맞은 귀 밑이 쑤시고 저림도 잊어버리고 불덩이같이 뜨거운 햇볕이 내리쪼이는 들판에서 등을 구워 가며 김매던 생각과 오늘 하루의 지난 역사를 머릿속에 그리어 본다.

'나는 왜 여름내 피땀을 흘리며 김을 매었노. 그리고 호미값을 왜 미리 못 끊어 주었을꼬. 송 지주는 왜 그렇게 몹시도 악할꼬. 나는 왜 그리 약한고, 나는 못난이다. 사람의 자식이 왜 이리 못났을까? 그런데 차인꾼들은 나를 왜 때렸노, 그들은 너무도 과하다, 아니 아니 그런 것이 아니다, 그들도 밥을 얻기 위하여 나와 그렇게 피를 보게 싸웠던 것이다. 그들은 내가 피땀을 흘리며 여름내 농사를 짓는 것과 조금도 다름이 없이 그래야만 입에 밥이 들어오기 때문일 것이다. 아니, 그들은 농작이 없어 농사도 짓지 못하고 막벌이로 품팔이로 저렇게 남의 돈을 거두어 주고 목숨을 붙여 가는 그들이 나보다 도리어 불쌍하다. 나는 조금도 그들을 욕할 수 없다. 야속달 수 없다. 그러나 지주네들은 왜 아무러한 노력도 없이 평안히 팔짱끼고 뜨뜻한 자리에 앉았다가 우리네의 피땀을 송두리째로 들어먹을까, 암만 해도 고약한 일이다. 금년만 하더라도 우리 부처가 얼음이 갓 녹아 차디찬 종아리를 찢어 내는 듯한 봄물에 들어서서 논을 갈고 씨를 뿌리었으며, 불볕이 푹푹 내리쪼이는 볕에 살을 데어 가며 물푸고 김매고, 가을내 단잠 못 자고 벼베기와 싯거리질이며 겨우내 추움을 무릅쓰고 굶어 가며 마당질을 하였는데, 우리는 한 알도 맛보지 못하고 송 지주네 곳간에 모조리 들여다 쌓았다. 괘씸한 일이다. 그리고 우리 부처가 이렇게 노력을 할 때 송 주사는——그는 늘 송 지주를 송 주사라 부른다.——긴 담뱃대 물고 뒷짐지고 할 일 없어 술 먹고 장기 두고, 더우면 그늘을 찾고 추우면 뜨뜻한 아랫목에서 낮잠질이나 하였것다.'

이까지 머릿속에 그리어 생각해 온 그는 실로 분함을 참지 못하였다.

"에이."

그는 자기도 모르게 이렇게 부르짖으며 두 주먹을 불끈 쥐었다. 그리고 부르르 떨었다.

"왜 그리우?"

산후에 중통을 하고 난 그의 아내는 발치목에서 어린애 젖을 빨리고 있다가 무엇을 생각하고 있는 듯하던 남편이 그같이 알지 못할 소리를 지르고 떠는 주먹을 보고 의아하게도 이렇게 물었다. 남편은 아무런 대답도 없이 여전히 부르쥔 주먹을 펴지 못하고 떨었다. 한참 만에 그는 입을 열었다.

"여보 마누라, 우리는 여름내 무엇을 하였소?"

이 소리는 매우 친절하고 측은하고 어성이 고왔다.

"무엇을 하다니요, 농사하지 않았어요?"

"그러면 지은 농사는 왜 없소?"

아내는 이 소리에 실로 기가 막혔다. 정신이 아찔하여지고 대답이 나오지 않았다.

저녁때 남편이 매를 맞던 꼴과 송 지주의 벼를 떼어 들어가던 현장이 눈앞에 갑자기 환하게 나타났다.

"에이."

그는 또다시 주먹을 부르르 떨었다.

아내는 어쩔 줄을 모르고 남편의 곁으로 다가앉으며 눈물을 흘렸다.

"울기는 왜 우오, 우리 의논 좀 하자는데."

하고 그는 다시 무엇을 생각하더니 아내를 노려보며 말끝을 이었다.

"마누라, 우리는 왜 빚을 졌는지 아시오?"

"호미와 강냉이(옥수수) 사다 먹지 않았어요?"

"그런데 우리는 그 호미값을 왜 못 무오?"

아내는 기가 막혀 또 말문이 막혔다. 지난 여름에 사흘씩 굶어 떨던 그 때의 현상이 또다시 눈앞에 나타났다. 남편도 이렇게 묻고 보니 생각은 새로워 알지 못할 눈물이 눈초리에 맺혔다.

"우리가 이리로 이사 온 지가 몇 핸지?"

"10년째 아니오."

"옳아, 10년째. 우리는 10년째를 이 독사의 구덩이에서."

하고 그는 혼자말 비슷이 이렇게 부르짖고 한숨을 괴롭게도 한 번 길게 빼고 다시 말을 이었다.

"여보게 마누라, 남 보기에는 우리가 송 주사네의 덕택으로 먹고 입고 사는 줄 알지만, 실상 우리는 우리의 두 주먹으로 우리의 몸을 살린 것일세. 내나 자네나 이렇게 핏기없이 뽀독뽀독 마른 것이 모두 송 주사한테 피를 빨린 탓일세. 우리가 그렇게 피와 땀을 흘리며 죽을 고생을 다하여 번 놓으면 그들은 그것을 가지고 잘 먹고, 잘 입고 그리고도 남으면 그 돈으로 또 우리의 피를 빠는 것일세. 그러면 금년의 우리의 벌은 그것으로 또 내년에 우리의 피를 줄 것이 아닌가. 어떻게 생각하면 그런 줄을 번연히 알면서 피를 빨리는 우리가 도리어 우스운 것일세. 그러기에 우리는 이제부터 피를 빨리우지 않게 방책을 연구하여야 되겠네. 그래서 자유롭게 살아야 되겠네. 만일 우리의 두 주먹이 없다 하면 그들은 당장에 굶어 죽을 것일세. 죽고말고. 암 죽지, 죽어."

하고 매우 흥분된 어조로 이렇게 장황히 부르짖었다. 그는 상당히 무엇을 깨달은 듯하였다. 아내는 이런 소리를 남편에게서 듣기는 실상 이번이 처음이었다. 그리고 가슴이 시원하다는 듯이 빙그레 웃었다.

"글쎄, 참 그렇긴 하지만 어찌하우?"

아내는 무엇을 생각하는 듯하더니 한참 만에 어찌할 바를 모르겠다는 듯이 이렇게 물었다.

"어찌해, 싸워야 되지. 싸울 수밖에 없네. 그들의 앞에는 정의도 없고 인도도 없는 것을 어찌하나, 아니, 이 세상이란 또한 역시 그런 것이니까. 남의 눈을 어렵게 패즉한 수단으로라도 가리우지 않고는 밥을 먹을 수 없는 것을 나는 이제야 비로소 깨달았네. 우리는 이제부터 이 모든 더러운 독사 같은 무리와 필사의 힘을 다하여 싸워야 되겠네. 싸워야 돼. 그래서 우리는……."

하고 그는 무엇을 더 말하려다가 참기 어려운 듯이 주먹을 또다시 부르르 떨었다.

"글쎄요, 아이 참, 낼 아침 밥 질 게 없으니 이 일을 또 어찌하우."

아내는 새삼스럽게 잊히지 못하던 아침거리가 머리에 또 떠올랐다.

"그러기에 싸우란 말이다."

헤어진 창틈으로 바람은 씽씽 들어오지만 추운 줄도 모르고 이렇게 그들 내외는 생활고에 쪼들려 닥쳐오는 고통을 서로 하소연하며 장차 어찌 살꼬 하는 앞잡이 길에 온 정신을 잃고 명상 속에서 밤이 새도록 헤매었다.

4

그 이튿날 아침 일찍이 송 지주는 최 서방을 불러다 놓고 어젯저녁

벼에 탕감이 채 되지 못한 나머지 10원을 들채기 시작했다.

어젯밤 밤새도록 한잠도 자지 못한 최 서방의 눈은 쑨 죽처럼 풀어지고 눈알엔 발갛게 핏줄이 거미줄처럼 서리어 있었다.

"자네 농사는 참 금년에 장하게 되었네. 농사는 그렇게 근농으로 하지 않으면 이즘 전답 얻기도 힘드는 세상일세. 참 자네 농사엔 귀신이야. 그렇기에 그래도 근 백 원 돈을 이탁데탁 청당했지. 될 말인가."

하고 송 지주는 점잔을 빼고 최 서방을 추워 하늘로 올려 보내며 다시

"그런데 어제 52원에서 42원은 귀정이 된 모양이나 이제 나머지 10원은 어쩔 셈인가? 조속히 그것도 해 물고 세나 쇠야지?"

최 서방은 없는 돈을 갚겠다지도 또한 안 갚겠다지도 어떻게 대답을 하여야 좋을지 몰라 한참이나 주저주저하다가,

"금년엔 물 수 없습니다. 그대로 지워 주십시오."

하고 그는 낯을 들지 못했다.

"물 수 없으면 어쩐단 말이야."

"그럼 없는 돈을 어찌합니까?"

"물지도 못할 걸 쓰기는 그럼 왜 그렇게 썼어, 응!"

"그 돈 꿨기에 주사님네 농사를 지어 바치지 않았습니까?"

"이놈, 나를 거저 지어 바친 것 같구나. 바루 원, 천하의 말버릇 같으니. 에이 이놈."

그는 기다란 댓새를 최 서방의 턱 앞에 훌근 내밀었다.

"아니, 그럼 아시는 바, 한 말도 없는 벼를 무엇으로 돈을 장만해 내랴십니까?"

"이놈, 그럼 없다고 안 물 테냐, 응! 이놈아, 내가 너이들은 그래도 불쌍한 것이라고 특별히 먹여 살렸건만 에이, 이 은혜도 모르는 놈,

이놈 썩 나가, 전답도 모조리 다 내놓고, 이 돼지 같은 놈, 아직도 밥을 굶어 보지 못하였던 거로구나.”

하고 그는 누구를 집어삼킬 듯이 벌건 눈을 홀근거리며 댓새로 최 서방의 턱을 받쳤다. 최 서방은 이렇게 여지없는 욕설을 들을 때에, 아니 턱을 댓새로 받치울 때 담박 달려들어 댓새를 부러치고 대항도 하고 싶었으나 그는 약하였다. 그리고 머리끝까지 치밀어오르는 분이 진정할 수 없이 가슴을 뛰게 하였지만 또한 그는 말을 못하였다. 나오려던 말은 입 안에서 돌돌 굴다 사라지고 말 뿐이었다. 최 서방이 집으로 나간 뒤 끝에 송 지주는 곧 멈돌을 불러 가지고 오막살이로 쫓아 나와서 약간한 가장으로 10원을 또한 탕감치려 하였다. 위선 그는 멈돌을 시켜 김장을 하여 놓은 독과 부엌에 건 솥을 뽑아 내 왔다.

이 때에 최 서방은 더 참을 수 없었다. 여러 해를 두고 굶기고 굶겨오던 분은 일시에 탁 터져 나왔다. 마치 병의 물을 꿀덕꿀덕 거꾸로 쏟듯이.

“이놈!”

최 서방은 주먹을 부르쥐었다. 그리고 입술을 푸들푸들 떨며 송 지주와 마주 섰다.

“이놈이라니, 야 이 이 이 무지한 버릇없는 놈…… 아.”

송 지주는 어쩔 줄을 모르고 몽둥이를 찾아 사방을 살피며 덤볐다. 실상 그는 나이 오십에 이놈이라는 소리를 듣기는 이번이 처음이라 젖먹던 밸까지 일어나 섰을 것도 그리 무리는 아니었다.

“에이, 이 독사 같은, 사람의 피를 빠는…….”

하고 최 서방은 허청 기둥에 세웠던 도끼를 들어 솥과 독을 단번에 부셨다. ‘찌렁땡’ 하고 깨어져 사방으로 달아나는 소리는 마치 폭탄이나 터지는 듯이 요란하였다.

"독을 깨깨깨 깨치면 이미 10원은."

"이놈아, 이 이 내 피는."

그들의 형세는 매우 험악하였다. 최 서방은 앞에 들어오는 것이거든 무엇이든지 모조리 때려부술 듯이 주먹과 다리는 경련적으로 와들와들 떨렸다.

이런 광경을 멀거니 보고 있던 그 아내는 세간의 전부인 독과 솥이 깨어져 없어지는 아까움보다 승리가 기쁘다는 듯이 빙그레 웃었다.

송 지주는 멈돌의 손에 끌리어 못 이기는 체하고 끄는 대로 끌리어 들어갔다.

멈돌에게 독과 솥을 지어 가지고 들어가려 가지고 나왔던 지게는 멈돌의 등에서 달랑궁달랑궁 빈 대로 쫓아 들어갔다.

5

겨울은 가고 봄이 왔다. 어느 일기 좋은 따뜻한 날 석양에 무슨 차표를 손에다 각각 한 장씩 쥔 최 서방 내외의 그림자는 정거장 삼등 대합실 한구석에 나타났다.

그들의 영양 부족을 말하는 수척한 얼굴은 몹시도 핼끔한 것이 마치 꿈 속에서 보는 요물을 연상케 하였다. 더구나 그 아내의 등에 업힌 겨우 두 살밖에 안 되는 어린애는 추움에 시달렸음인지 한줌도 못 되리만치 배와 등이 거의 맞붙다시피 쪼그린데다가 바지 저고리도 걸치지 못하고 알몸대로 업히어서 빼악빼악 하고 울며 떠는 꼴이란 차마 볼 수 없었다.

그들은 송 지주와 싸운 그 자리로 그 오막살이를 떠나 끼니를 굶어 가며 혹은 방앗간에서, 그도 없으면 한길에서 밤새워 가며 정처없이 일

자리를 찾아 돌아다니다가, 어떤 조그마한 도회지에서 최 서방은 삯짐과 품팔이로, 아내는 삯바느질·삯빨래로 간신간신히 차비를 장만하였던 것이었다.

그들이 그 오막살이를 떠날 때의 본래의 목적은 어떻게 죽물로라도 두 내외의 배를 채울 수만 있다면 내 조국은 떠나지 않으리라 생각하였건만 그것조차 여의치 못하여 최후의 수단으로 마침내 서간도 길을 단행한 것이었다.

그의 내외는 차 시간이 차차 가까워 와 몇 분 격하지 않은 앞에, 잔뼈가 굵은 이 땅, 같은 피가 넘쳐 끓는 동포가 엉킨 이 땅을 떠나 산 설고 물 선 이역의 타국에서 고생할 것을 생각할 때에 실로 사무쳐 흐르는 눈물을 금할 수 없었다.

기차가 도착되자 플랫폼으로 앞서거니 뒤서거니 엉기엉기 걸어나가는 사람들 틈에는 그들 내외도 섞여 있었다. 시각이 있는 차 시간이다. 그들은 할 수 없이 차에 몸을 담았다. 호각 소리가 끝나자 차는 바퀴를 움직였다.

"아! 차는 그만 가누나! 우리는 왜 이같이 눈물을 뿌리며 조국을 떠나지 않으면 안 되노?"

하고 그는 입속말로 중얼거리며 바람이 씽씽 부는 차창으로 머리를 내밀고, 차마 고국을 못 잊어하는 듯이 눈물에 서린 눈으로 사방을 힘없이 살펴보았다. 그리고 좀더 기차가 머물러 주었으면 하는 듯하였다. 그러나 내닫기 시작한 사정 없는 기차는 흰 연기, 검은 연기 번갈아 토하며 세 생명의 쓰라리게 뿌리는 피눈물을 싣고 줄달음치기 시작했다.

청 춘 도

서곡, 창조의 마음.

자유로 하여 된 꿈일진댄 아름다운 꿈이라도 꾸고 싶다. 세상을 경도
시킬 걸작이야 꿈엔들 그려 보기 바라련만, 하다못해 '마코'라도 한 갑
생기거나 그렇지 않으면 계집이라도…… 쓸모없는 시시한 꿈이 비록 몇
시간 동안이나마 현실의 시름을 잊고 지날 수 있는 행복된 잠을 또 깨
워 놓는다.

어디로 들어왔는지도 모를 한 마리의 새앙쥐——바르르 책상귀로 기
어올라 꿰어진 양말짝을 하릴없이 쏜다. 그리던 그림에 붓대를 대다 말
고 조심스레 손을 어이돌려 책상 위로 늘어진 꼬리를 붙드는 찰나, 날
쌔게도 그 놈의 새앙쥐 팩 돌아서며 손잔등을 물고 늘어진다. 아 야아,
놀래어 손을 뿌리치니 어이없다. 새까만 방 안은 보이는 것 없이 눈앞
에 막막하고 곤히 잠든 아버지의 숨소리만이 윗목에 한가하다. 무슨 꿈
이야 못 꾸어서 하필 새앙쥐에게 물린담. 꿈조차도 아름답게 못 가진
자신이 가엾기도 했다.

상하는 반듯하게 누웠던 몸을 모으로 뒤챘다.

눈을 뜬대야 보일 턱이 없는 새까만 방 안이요, 게다가 눈을 감기까
지 했건만 눈앞은 환히 밝다. 빽빽이 둘러선 송림, 그 산틱을 떨어져 약
수터 풀밭길을 꼬불꼬불 금주는 걸어 내려온다.

"벌써 아침 물참을 보고 오십니까?"

"네, 머, 전보다 별로 일러 뵈지도 않는데요."

"아침 물은 방불이 차지요?"

"막 가슴이 뚫어지는 것 같애요."

제법 만나기나 한 듯이 말을 주고받기까지 해 본다.

이렇게 금주가 안타깝게 잊히지 않은 것은 그 여자에게 반했음으로설 까, 아무리 이성에 주렸었기로서니 가슴이 반이나 썩어진 듯한 그의 표 정——배꽃을 비웃는 하이얀 얼굴은 금시라도 피를 콸콸 쏟아 낼 듯한 정경이 아닌가. 그런 여자, 그 여자를 못 잊는다면 대체 어찌해 볼 심판 인가. 그래도 그 여자가 못 잊힌다면 자기는 오직 한 가지만을 아는 짐 승과도 같지 않은가. 이것이 자기의 본성일까, 사람의 마음일까.

문득 이상한 촉감에 몸서리를 쳤다. 이성을 상대로 일어나는 불길임 을 알았다. 초저녁 한동안을 이불 속에서 째우치던 불길이다. 맹렬히 붙 음이 안타깝다. 끌 수 없음이 가엾다. 공상과 공상의 접촉은 기름과 같 이 기세를 더한다. 등잔에 불을 켜고 일어나 앉으니 스스로 생각해도 우스운 꼴이다. 담배라도 있으면 하니 '마코' 향기가 혀끝에 일층 새롭 다.

몇 번이나 털어 봐도 없던 담배가 있을 턱 없는 지갑귀를 다시 털어 보니 소용이 있을까. 삿귀라도 돌아가며 들쳐 보자니 없는 꽁초는 샘날 수 없다. .

허하지 않는 담배는 있었다. 선반 위에 아버지의 장수연갑이다. 도덕 상 금단의 율칙이 두려운 것이 아니다. 율칙을 범하기 벌써 몇 번—— 초저녁에도 꺼내고 남은 것이 몇 대 되지 않음을 안다. 노여에 아껴 가 며 한 대씩 피는 담배여니 이제 마지막 남은 밑바닥을 긁어 내기 거북 함이 마음에 걸리는 것이다.

그러나 이성을 그리는 마음보다 못지않은 형세의 담배 맛이다. 참을래 참을 수 없어 한 대에 적당하리만한 분량을 다시 집어 내어 궁여의 고안 그대로 신문지 여백을 쭉 찢어 두르르 말아 침으로 붙인 다음, 성냥갑을 더듬어 들고 문밖으로 나왔다.

스무날 달이 하늘에 밝다. 누동섶 개천에 돌돌돌 물소리가 청아하다. 달밤에 물소리는 이상히도 마음을 당긴다.

담배를 붙여 물고 누동으로 나갔다.

한바퀴 뚜렷한 달이 개천 속에 떨어져 잠겼고, 물을 헤치고 달을 찢으며 잘박잘박 역류하는 송사리 떼——귀엽다 말을 할까, 나불거리는 지느러미, 오물거리는 주둥이, 달빛에 번득이는 찬란한 비늘——몸을 뒤챌 때마다 눈이 부신다.

물 속에 가만히 손을 넣으면 놀라서 흩어진다. 그러나 얼마 아니 있어 다시 송사리 떼는 몰려와 툭툭 하고 길을 막는 손바닥을 주둥이로 치받친다.

정신을 차려먹고 날쌔게 줌을 쥐니 포드르르 줌 안에서 한 마리의 송사리가 생명을 원하는 듯 꼬리를 친다.

다시 한 번 또 한 번 거듭하여 보는 사이, 올라가고 또 내려오고 수없이 뒤를 따라 오락가락 몰려다니는 송사리 떼임을 깨닫고 평범한 행동에서의 향락만이 아님을 알았다. 본능에 충실하려는 봄의 행사임이 틀림없었다.

본능의 만족을 위한 거룩한 행사에 구속의 손을 대었음이 극히 죄송한 듯하였다.

본능의 만족, 자연의 행사——거기에는 털끝만큼이라도 구속이 있어서는 안 된다. 자유는 생명과 같이 절대하다. 미련도 없이 둔덕에 집어던졌던 몇 마리의 송사리를 다시 물 속에 집어넣었다. 물 밖에서 자유를 잃었던 몸이 둔탁하게 **헤엄을** 쳐 간다. 오그그 송사리 떼가 다시 몰려 와 그 놈을 에워**싼다**.

문득 한 마리의 새가 깃을 펴고 물 속에 나타나며 송사리 떼를 놀래고 달을 가린다. 누동으로 날아드는 공중에 뜬 해오라기다.

돌아옴을 반겨 맞는 듯 버드나무 상가지 둥우리 옆에 앉았던 한 놈이 끼익 끽 소리를 지르며 목을 뺀다.

무심코 바라보던 상하는 거기에도 봄이 왔음을 알았다. 위태로운 가지 끝에서도 생동의 힘에 못 참는 장난이 한 자웅으로부터 일어나는 것이다.

생동의 힘, 봄의 사자——그것은 물 속에도, 공중에도 찾아왔다. 그러나 오직 땅 위에선 자기에게만 없는 것 같았다. 알 수 없는 촉감에 다시 몸서리를 쳤다. 둘 곳 없는 심사에 담배꽁지를 개천 속에 힘껏 메어던지니 마음이 씨언할까, 난데없는 물살에 송사리 떼만이 놀라서 흩어진다.

1. 욕 망

어느 것이라고 맘의 자유에 깃을 쳐 본 때가 있었으련만 예술과 계집에의 자유에 깃이 없음이 더욱 한스러웠다. 예술의 신비 속에 생을 찾고, 계집의 아름다움에서 향락을 구했다. 계집에 마음을 두었음이 어찌 이번이 처음이었을까, 여사무원을 건드린 것이 이렇게 자유를 구속하는 원인이 될 줄은 몰랐다.

사장이 눈 건 계집이라고 맘 두지 말란 법 없지만, 사장이 눈 건 줄을 모르고 허투루 다룬 것이 실책이었다. 사원 감원은 축출의 빙자요, 눈치에 걸린 것이 축출의 원인이었다.

그렇지만 않았던들 ××회사는 달마다 50여 원의 월급을 틀림없이 지출할 것이요, 그것은 또 족히 생활을 지탱해 주고 있을 것이다. 돈에 자유가 없으니 예술도 빛을 잃고 계집도 없었다.

부탁은 서너 곳에 두었으나 용히 나서는 일자리가 아니다. 기다리기까지의 생활을 객지에서 붙안아 가는 수가 없다. 그렇다고 집으로 돌아오니 놀고 먹기가 어렵지 않은가. 어머니 아버지는 밭갈이와 씨뿌리기에 날마다 나섰다. 자기 한 몸의 수양을 위하여 이미 전답 낟가리를 모두 옭어다 썼으니, 궁여의 아버지를 받들어야 마땅할 것이나 뜻에 없고, 부모의 뜻대로 진작 장가라도 들었더라면 한 가지 괴롬만은 모르고 지날 것을…… 또 부모의 조력인은 안 될 것인가. 학교를 마치고 얻자, 가정을 이루기까지의 토대를 닦고 얻자, 보다 더 완전한 살림에의 포만을 모르는 욕망이 이제 와서 가까스로 괴로움을 던져 주었다.

2. 예   술

쓸데없는 지난날의 되풀이는 마음만 산란하다. 캔버스를 들고 산으로 올라갔다. 심심하니 소일로서가 아니다. 예술적 감흥에 못 참아서다. 산간의 시내, 곡간의 괴석, 약수터의 풍경…… 어린 날 모르던 이 모든 고향 풍물이 상하의 붓대를 끌었다. 오늘은 약수터의 풍경을 눈담고 떠난 것이다.

산턱에 떨어져 박힌 커다란 바위 위에 두 다리를 쭉 버드러치고 앉았다. 경사진 켠 아래를 내려다보니 한폭의 그림 같다.

──건너산 너머 바라보이는 드높은 교회당 지붕, 그 산턱 밑 떨어져 일대엔 채찍을 들고 소를 몰아 밭 가는 농부, 좀더 가까이 앞으로 큰길엔 무엇이 분주한지 끊일 새 없이 줄달아 속보를 놓는 행객, 눈 아래 약

수터엔 생명을 붙안고 싸우는 수객들…… 모두 생을 위한 싸움임에는 틀림없으나 그 아름다운 자연의 경개임에도 흥취를 잃고 허덕이는 고달픈 인간이 상하의 마음을 흔드는 것이다.

약수터엔 지금도 수객들이 때를 잊지 않고 모여들었다. 담창쟁이, 속증앓이, 긴병쟁이…… 건강을 잃은 가지가지의 환자가 표주박을 들고 행렬을 짓는다. 금주도 의연히 그들의 행렬에 끼이기를 잊지 않았다.

벼랑진 돌틈 새로 솔솔솔 끊임없이 솟아오르는 약수——받으면 표주박 안에 보얗게 안개가 서리는 물, 산 속의 정기와도 같은 이 물에 생명을 맡기고 봄을 찾는 그들.

그러나 이 산길에는 이미 봄이 무르녹았으되 그들에게는 봄이 오지 않았다.

벌레 먹은 몸이 서리에 절고, 바람에 시달려 그대로 한겨울 동안 눈

속에 생동의 힘을 빼앗겼던 산간의 생명인 온갖 종족——잣나무, 들매나무, 섶나무, 구름나무, 소나무 켠을 등지고 떨어진 평지엔 소민재리, 도라지, 범부채, 깜박덩굴, 칡덩굴——꼽을래 꼽을 수 없는 초목들은 파랗게 잎새에 초록물이 오르고 줄기는 싱싱하게 살이 찐다.

이것들의 생명을 길러 내는 대자연——하늘을 엄한 아버지라면 땅은 자애로운 어머니다. 하늘에 솟은 해는 아버지의 눈이요, 땅속을 흐르는 물은 어머니의 젖이다. 어머니는 젖을 주어 살을 찌우고 아버지는 열을 주어 건강을 단련시킨다. 비교적 숙성에 빠른 진달래와 동동할미는 이미 꽃까지 피었다.

그러나 이, 같은 아버지, 같은 어머니를 가진 자연 속에 생명의 부여는 같이 받았으나, 한번 시든 인간에게는 같은 산 속의 정기를 받되, 어머니나 아버지의 단련도 아무러한 효과가 없었다.

30명은 확실히 넘을 수객들의 얼굴에는 한 점의 봄빛을 찾을 길이 없고 구름같이 무거운 우울 속에 주름살을 못 편다.

금주, 이미 이 자연의 혜택을 받고자 세고에 병든 몸을 이끌고 산 천리 물 백 리, 천백릿길을 더듬어 이 산 속을 찾아온 지 이미 이태——산간의 신선한 공기를 호흡하며 산간의 종족을 길러 내는 자애로운 어머니의 젖가슴 속에 안기어 두 돌의 봄을 맞았건만 금주에게는 봄을 주지 않았다.

그래도 금주는 게을리 하지 아니하고, 하루같이 산속을 뒹굴며 때 찾아 약수터로 내려왔다.

이렇게 지성을 들여 삶을 위하여 마음을 다하면 서리에 절었던 풀잎이 거센 땅을 들치고 다시 봄을 맞아 파랗게 생을 빛내며 살이 쪄 자라는 것과 같이 금주에게도 다시 봄이 돌아올까. 두드러진 뺨을 능히 감추고 살이 올라 배꽃같이 하이얀 그 얼굴에도 진달래 꽃빛 물이 들어

볼까.

이것을 그리는 것은 자유요, 그것은 예술이었다.

데생에 시험의 붓을 들었다.

표주박을 한 손에 들고 골짜기의 잔디밭 위에 넋없이 앉은 한 여인의 횡면——흰 닭에 검정 닭 모양으로 뛰어나게 차린 품이, 그리고 그 날씬한 몸맵시가 금주임에 틀림없었다.

한 사람의 폐병 환자를 취급할 것은 잊을 수 없는 대상이었으나 하필 금주를 그리고자 한 바는 아니었건만 참을래 참을 수 없는 예술의 충동에서 시험하려는 붓끝에 못 잊는 금주가 모르는 듯 날아들음이 이상한 감흥을 자아내 주었다.

폐병 환자임에도 불구하고 마음을 당기는 금주, 애타는 속에서도 못 잊는 예술의 감흥, 알 수 없는 신비로운 심경, 그것을 자연미와 조화시켜 놓으려는 충동——그 소재의 하나가 금주다. 금주는 예술이다. 예술 속에 금주가 있다. 금주는 내 붓끝에 가리가리 요리될 것이다. 금주는 이미 내 것이다.

상하의 붓끝은 금주의 얼굴에서 몸까지 선에 힘을 주고 다시 그었다.

금주는 나를 그리라는 듯이 움직도 아니하고 앉아서 장글장글한 햇볕을 가슴에 받으며 산간 너머로 그린 듯이 앉았더니, 두세 번의 얕은 기침 끝에 괴로운 표정을 지으며 더듬어 오른다. 일상 가서 앉는 샘칫가 바위 위이려니 하였더니 뜻밖에도 상하를 향하여 직로를 놓는다.

"오늘도 풍경이세요?"

상하의 앞에 우뚝 와 마주 서며 하는 인사다.

"네, 그저…… 요샌 어떠십니까?"

"머…… 그저 그래요. 미안하시지만 제 초상 하나 그려 주실 수 없을까요?"

자진하여서라도 그려 주고 싶은 상하의 마음이다. 그러나 대번에 승낙은 싱겁다.

　"내가 뭐 그림을 잘 그리나요? 어디."

　"천만에요."

하다가 금주는 풍경 속에 그려진 여자 위에 문득 눈이 가고 시선에 힘을 준다. 아직 선으로밖에 되지 않은 그림이지만 그 윤곽만으로도 어딘지 그것이 자기임을 알아낼 수 있었던 것이다.

　"아니, 이게 제가 아니에요!"

　금주는 자못 놀라며 물었다.

　"네?"

　"왜 풍경 속에다 저를 이렇게 그리세요?"

　"그걸 모르십니까?"

　금주는 가볍게 미소를 짓는다.

　"알 수 없이 금주 씨가 그립습니다."

　"알겠어요. 그러나 선생님, 용서하세요. 저는 며칠을 못 가 죽을 인간인가 보아요. 오늘도 각혈을 했답니다."

　"모르지 않습니다."

　"그러시면서 선생님은……."

　"내 마음을 나도 모릅니다. 까닭없이 금주 씨가 그립습니다."

　"선생님, 절 잊어 주세요. 저는 살겠다는 욕망밖에 아무것도 없습니다. 저도 봄이 그립습니다. 봄을 잊을 길이 있겠어요?"

　세상이 쓰림을 못 참는 듯 한숨 끝에 주려잡은 눈가의 주름.

　상하는 다시 더 말을 못했다. 삶의 위대한 힘에 마음이 찔린 것이다.

　삶의 힘, 그것은 금주의 욕망의 전부다. 청춘에 살려는 봄 꿈의 보금자리에서 썩어지는 봄의 생명이 가엾기도 했다. 안타깝기도 했다.

상하는 이 가엾은 생명을 예술의 힘으로 영원히 살리고 싶었다. 다시 붓끝에 정신을 모았다.

"저를 그린 그림은 저를 주셔야 해요, 네? 선생님, 약속하여 주실 수 있겠지요?"

금주는 두 번 세 번 당부를 한다.

3. 애　욕

그림을 그리는 며칠 동안 쉬임없이 자란 산 속은 진초록으로 푸름이 거울같이 맑다. 산 속은 청춘의 요람이라고 할까, 생기에 뻗은 산 속, 이 산 속에서 금주가 시들음이 거짓말 같지 않은가.

상하는 금주의 신변에 염려를 못 잊으며 일단의 정성을 다하여 끝낸 그림을 들고 산으로 기어올랐다. 샘칫가 도랑을 끼고 잔솔을 피하여 기름진 풀잎을 밟으며 꼬불꼬불 돌았다.

샘칫가 바위 위에는 언제나 같이 금주가 앞가슴을 풀어 놓고 일광욕을 하고 있었다.

"할미꽃은 벌써 머리를 다 풀었군요."

"진달래꽃도 지나 봐요."

하다가 금주는 캔버스 위에 주었던 눈을 문득 돌려

"아이, 다 되었군요, 그림이……."

그리고 손을 내밀어 그림을 눈앞으로 당긴다.

"원하셨던 초상만을 그린 것이 아니라 금주 씨의 마음에 어떨까 해서 퍽 자제됩니다."

다 그려졌다고 아는 그림이언만, 상하는 그래도 어딘지 만족할 수 없는 듯이 들여다본다.

"아녜요. 이 그림이 제겐 더욱 좋아요."

"글쎄 그러시다면……."

"이게야 완성한 예술품이 아니에요? 이 그림 속에는 생명의 고민상이 여실히 표현되어 있어요. 봄을 모르는 제 심정이 제 얼굴에 어떻게 이렇게 드러났을까요."

"영원한 기념으로 드립니다."

"아이, 고맙습니다."

하기는 하나 맘에 없는 그림을 받는 듯이 별안간 표정이 구름같이 흐린다.

상하는 까닭을 몰라 다음 말에 간난을 느끼고 준비에 바쁜 동안,

"현실은 참 괴로운 것이에요. 이것이 산 인간의 풍경이 아니겠어요? 생명은 무엇으로 따질 수 있습니까? 선생님!"

"글쎄요, 욕망의 전부라고나 할까요."

"적절한 말씀이에요. 욕망이 제어된 곳에 생명은 없을 거예요. 청춘이 구깃구깃 구기운 제 심정이 어떠할 것입니까? 선생님!"

"가는 봄은 다시 돌아올 때가 있습니다."

"아녜요, 그야 위로에 말씀이지요. 인생의 봄은 거기에 적용되지 못하고 영원히 늙는가 보아요. 이제 보세요, 제가 며칠을 더 사나. 모든 것은 다 거짓이에요. 속아서 사는 것이 인생의 진리 같습니다. 저 너머, 저 교회당의 종소리는 성스럽게도 사람의 마음을 유혹합니다만 인간의 생명이야 좌우할 수가 있겠어요. 전도 부인의 설교에 이 약수터에서도 벌써 몇 사람이나 쫓아가 기도를 받았습니다만 기적도 없었습니다. 저는 이제 이 그림 속에서만 영원히 살까 합니다. 요구하였던 초상이 제 마음을 이렇게 표현한 그림을 얻게 되니 저라는 고깃덩어리는 썩어져도 정신만은 영원히 살 것이에요."

"세상을 그렇게만 해석하실 수 있을까요?"

"그렇지 않으문 뭐 기적이게요! 단지 제가 요구하던 저 초상만을 그리셨다면 저라는 인간밖에 더 그린 것이 되겠어요? 여기에는 제가 모든 인간을 대표한 한 본보기로 된 것이 더욱 좋아요. 세상을 비웃고 제 정신만을 살린 것이 되어 있지 않습니까? 새파란 청춘이 거기에 영원히 남는 것 같습니다."

"그러시면 애초에 초상을 원하셨던 뜻은……."

"그건 묻지 마세요."

"비밀인가요?"

"비밀이랄 건 없지만 말씀드리기 거북해요."

"거북한 일 같으면야 나더러 원했으리라고요?"

"그럼 걸 기어코 알으셔야 하나요? 뭐 말씀 못 드릴 것도 없긴 없어요. 그럼 얘기하지요. 저는 이미 약혼을 했답니다. 결혼을 앞으로 얼마 남기지 않고 참다못해서 이리로 왔어요. 그러니 사랑하는 이를 이렇게 멀리 떠나보내고 객지에서 그이가 오죽이나 제가 그리울 게야요. 그래서 저는 아내의 책임을 다하지 못하는 그이의 심정을 위로하여 드리려고 선생님에게 제 초상을 원하였던 게지요. 말하자면 저는 괴악한 년이에요. 제 목숨만이 살아나겠다고 아내로서의 책임을 피하는 년이 괴악한 년이 아니에요? 선생님!"

상하는 놀랐다. 금주를 위하여 정력을 다한 예술품이 자기를 박차고 금주를 사랑하는 사나이의 청춘을 위로함으로써 금주의 사랑에 만족을 줌이 되는 것이다. 사랑하는 이를 예술화시킴으로써 만족할 것 같던 상하의 심정은 예술에 있지 아니하고 애욕 속에 있었다.

애욕, 그것은 예술보다도 위대한 힘으로 상하의 마음을 불태웠다. 이 세상에서의 온갖 힘으로도 꺾을 수 없는 가장 큰 힘 같았다.

누가 그러고자 해서 그런 힘을 길러 왔을까? 한 포기의 풀이 때가 오면 아무리 꺾어 버려도 몇 번이고 거센 땅을 들치고 나와 기어이 아름다운 꽃을 피워 내는 그것과도 같이 꺾이지 않는 힘이었다.

"금주 씨! 그 그림을 내 눈앞에서 용감하게 찢어 보일 수 없습니까? 금주 씨!"

그것은 곧 자연의 힘이요, 생명의 부르짖음인 듯이 열정에 타는 외침이었다.

벅찬 소리를 듣는 듯이 고민의 표정이 깊어 간다고 보여지는 순간, 금주는 서너 번의 괴로운 기침 끝에 붉은 핏덩이를 선지로 쏟는다.

뿌리 박은 사랑의 위대한 힘에 용납할 수는 없는 고민의 상징일까. 그렇지 않으면 사랑에 제어된 구기운 청춘의 발버둥일까.

상하는 오직 아연하고 더 할 말에 간난을 느꼈다.

4. 생   명

마음의 평화를 잃은 상하는 그날 밤을 거의 새다시피 고요히 앉아서 이러한 경우에 들어맞을 선철의 명구를 무수히 끌어다 자위에의 수단을 일삼아도 보았으나 그것은 모두 거짓부렁이었다.

자기의 예술은 금주의 사랑에 완전히 사로잡힌 것같이 아무리 하여도 불안한 마음을 가라앉힐 길이 없었다. 그것은 마치 생명을 잃은 것과도 같았던 것이다.

예술은 곧 자기의 생명이 아니었던가. 10여 년 동안 예술을 위하여 닦은 공부는 그대로 자기의 생명이었다. 만일 자기에게 예술이란 세계가 제어되어 있었던들 자기는 스스로 목숨을 끊고 영원한 예술 속에 깊이 잠들고 있었을는지도 모른다. 오직 예술 그 속에서만 참삶을 살 수 있었던 것이다.

거지 같은 오늘의 생활——그것도 다만 예술에 충실하려는 마음이었다. 밥만을 위하여 삶을 찾았더라면 자기는 결코 이러한 처지에서 한 대의 담배에조차 궁하게 되지는 않았을 것이다.

△△사에서 축출을 당할 때 ××회사도 자기를 끌었고, ○○사에서도 말이 있었다.

그러나 예술을 희생하고 뜻 아닌 곳에서 밥을 빌 수는 없었다. 그것은 곧 자기라는 생명을 희생하는 것과도 같았던 것이다. 그리고 지금도 결코 그것을 후회하는 것이 아니다. 한 개의 예술을 창조할 때 그 속에서 생을 찾고, 생의 가치를 느끼므로 자기라는 존재를 내다본다. 불안한 세태에 참을 수 없는 고독을 느낄 때에도 어떠한 예술적 소재를 머릿속에 두고 캔버스와 마주 앉을 때, 그리하여 새로운 세계가 붓끝에서 창조될 때 역시 자기의 생은 그 속에서 빛났다.

약수터의 풍경을 그릴 때에도 금주의 영원한 생명을 위하여 자기의 생명을 정성을 다하여 기울여 넣었다. 그리하여 예술 속에 남아질 영원한 생명을 꿈꾸고 세상을 비웃었다.

그러나 금주의 사랑 앞에서는 예술의 힘도 생명을 잃는다. 확실히 자기는 금주를 못 잊는 것으로 자기의 마음을 증명할 수 있지 않은가.

이것이 자기의 마음일까, 사람의 본성일까. 상하는 자신의 존재에 대한 회의를 풀 길이 없었다.

내다볼 수 있는 죽음을 앞에 놓은 금주나, 씩씩한 건강을 자랑하는 자기나, 생명이 없는 점에 있어서는 조금도 다를 것이 없었다. 금주의 생명을 가이없어하며 캔버스 위에 그려 놓은 자기의 생명도 반드시 가이없게 보아 주어야 마땅할 것이다. 아니, 금주의 생명이 도리어 자기의 생명을 비웃을는지도 모른다. 그림을 원하여 은근히 자기의 마음속에 알뜰하게 사랑의 패를 주는 듯하다가 약혼설을 말하여 냉정히 돌려 따는 것은 자기를 조롱하는 것이 아니었던가. 더욱이 그 그림으로 사랑하는 이의 만족을 주자는 것은 확실히 자기의 예술을 비웃어 줌도 되는 것이다.

금주를 마음대로 할 수 있든지, 그렇지 않으면 그 그림을 다시 빼앗아 금주의 눈앞에서 빠악 빡 찢어 불살라 버리든지 하지 아니하고는 언제까지나 마음의 평화는 올 것 같지 않았다.

5. 종곡, 생명의 성격

이튿날 상하는 약수터의 아침 물참에 금주를 찾아 떠났다.

그러나 이태 동안을 하루같이 빠져 본 일이 없다는 금주가 오늘은 약수터에도 산 속에도 보이지 않았다. 반나절 동안을 산 속에 기다려 보았어도 금주의 그림자는 나타나지 않았다.

상하는 문득 그 날의 각혈을 연상하고 그의 죽음을 뒤미처 생각해 보며 몸서리를 쳤다.

그러나 금주는 죽음의 길을 찾아간 것이 아니요 삶의 길을 찾아간 것이다. 금주가 거처하던 주인집을 찾으니,

"네에, 그 아가씨요. 회당으로 갔지요. 전도 부인이 늘 예수를 믿으면 병이 낫는다구 해도 쓸데없는 소리라구 귀담아도 듣지 않더니 어젯밤 피를 연거푸 세 번인가를 토하고는 근력 없이 밤새도록 누워서 뜬눈으로 새고 나서, 무슨 생각으로 아침 일찍이 그리로 갔답니다."

주인 마누라는 분명히 대답하였다.

상하는 금주의 흉보를 듣는 것에 못지않게 놀랐다. 그렇게도 믿지 못하던 교회당을 필야엔 금주도 찾아가고야 만 것이다. 생명을 위하여 알

고라도 속지 않을 수 없는 것이 금주의 마음이었다.

상하는 교회당을 향하여 발길을 옮겼다. 황혼의 불그레한 노을 속에 잠긴 신비로운 교회당의 지붕을 바라보며 산턱길을 추어올랐다.

뜻밖에도 금주는 교회당 뒤 솔밭 잔디판 위에 힘없이 앉아서 건너 산허리 밑의 마알간 바다를 무심히 바라보고 있었다.

"이리로 또 오세요. 왜 자꾸 이렇게 저를 따라다니는 거예요?"

상하의 그림자를 대하기가 바쁘게 금주는 독을 뿜는 듯한 날카로운 눈초리로 새침하여 쏜다.

상하는 그 대담함에 놀라고 멈칫 섰다.

"젊은 계집이 산 속에 혼자 앉았는데 따라오는 것은 무슨 뜻이에요?"

"어제는 실례했습니다."

대답에 궁하여 늦어진 인사를 어색하게 하였다.

"글쎄, 안 그래요? 선생님! 선생님에게 생명이 있다면 응당히 저에게
도 생명은 있어야 옳을 것이 아닙니까? 생명은 선생님의 전유물만이
아니니까 말이에요. 안 그래요? 선생님!"

"……."

"그러나 선생님은 선생님의 청춘만을 위하여 남의 청춘을 짓밟으려는
것이 욕망의 전부이지요. 다 알고 있어요. 저인들 왜 청춘이 그리울
길이 없겠습니까. 바에서 카페로, 카페에서 티룸으로 이렇게 굴러다
니는 동안 가지가지의 세파에 마음이 늙은 계집이랍니다. 왜 청춘이
그리울 길이 없겠어요. 청춘에 목말랐지요. 영원한 청춘에 목이 말랐
에요. 그러나 선생님, 생명이 있고야 청춘이 있지 않습니까? 이렇게
된 팔자에 뭐 거리낄 것 있겠어요. 털어놓고 시원히 말씀드리지요. 저
는 실상 남편도 아무것도 없는 계집이에요. 선생님이 다자꾸 저에게

맘을 두는 눈치를 엿보고 선생님의 사랑의 정도를 저울질하여 보자고 제가 초상화를 청해 본 것이에요. 그랬드니 그 그림 속에서 선생님의 사랑이 열정적인 것을 찾고, 어떡하면 그 열중된 선생님의 사랑의 불길을 고이 재워 볼 수 있을까 하는 데서 냉정히 선생님의 마음을 단념시키자는 것이 남편이 있다고 거짓말을 꾸며 대인 원인이었드랍니다. 그러나 선생님은 그럼에두 불구하시구 저더러 그 그림을 찢으라고 열정적으로 부르짖으실 때 저는 저같이 천한 계집을 그처럼 사랑해 주시는 선생님의 그 정열에 감복하여 청춘의 힘을 이길 길이 없이 흥분되는 마음에 그만 각혈까지 하게 되었드랍니다. 마음이 흥분되면 또 각혈을 할까 두렵습니다. 저를 다시는 괴롭히지 말아 주세요, 네? 선생님! 이게 저의 선생님에게 알뜰한 원이에요. 영원히 잊어 주실 수 있겠지요? 네! 선생님!"

말끝을 여물게 맺을 길이 없이 뒤미처 스미는 눈물을 금주는 걷어잡지 못한다.

순간, 상하는 금주의 농락에 불쾌함을 느끼기보다 뜨겁다 못하여 냉정하지 않을 수 없는 금주의 그 청춘의 정열에 감격하지 않을 수 없었다.

청춘에 끓는 그의 마음이 오죽이 괴로웠을까. 괴롭다 못하여 냉정하여졌을까. 냉정히 거절을 하고도 참을 수 없이 떨어뜨리는 눈물——청춘에 끓는 정열의 눈물이 아니었던가. 생명은 발버둥치는 냉정한 눈물이 아니었던가. 생명은 곧 청춘의 힘이다. 이 눈물 앞에 어찌 마음이 흔들리지 않을 수 있을까.

자기가 생명으로 아는 생명과 금주가 생명으로 아는 생명과의 그 생명을 가지는 성질은 비록 다르다 하되 생명인 점에 있어서는 공통된다. 오직 목숨을 생명으로 아는 금주에게 있어선 이 이상 더 생명을 사랑할 줄 아는 아름다운 맘씨를 가지기 바랄 수 없을 것이다.

이미 이러한 맘씨가 금주의 마음속에 숨어 있었음에도 헤아리지 못하고 그의 마음을 괴롭혀 온 상하는 자책의 마음에 고개가 숙었다. 대답에의 빈곤을 느껴 어리둥절하는 동안 교회당의 저녁 종소리가 성스럽게 산곡을 울린다.

뜨앙! 뜨앙! 땅땅! 땅…….

그것은 마치 상하의 난처한 정경에 동정이나 하려는 것처럼 금주를 불러들였다.

비탈진 산턱길에 조심스레 발을 옮겨 짚는 금주의 힘없는 거동을 멀거니 바라보며 성스럽게 들려오는 종소리의 음향 속에서 상하는 알 듯 하면서도 알 수 없는 생명의 성격에 고요히 생각을 깃들이고 있었다.

별을 헨다

1

산도 상상봉 맨 꼭대기에까지 추어올라 발뒤축을 돋워 들고 있는 목을 다 내빼어도, 가로놓인 앞산의 그 높은 봉은 눈 아래 정복하는 수가 없다.

하늘과 맞닿은 듯이 일망무제로 끝도 없이 빠안히 터진 바다, 산 너머 그 바다, 푸른 바다, 아아 그 바다, 그리운 바다.

다시 한 번 발가락에 힘을 주어 지긋 뒤축을 들어 본다. 금시 키가 자랐을 리 없다, 역시 눈앞에 우뚝 마주 서는 그놈의 산봉우리.

"으아──."

소리나 넘겨 보내도 가슴이 시원할 것 같다. 목이 찢어져라 불러 본다.

"으아──."

그러나 소리 또한 그 봉우리를 헤어넘지 못하고 중턱에 맞고는 저르릉 골 안을 쓸데도 없이 울리며 되돌아와 맞는 산울림이, 켠 아래서 낙엽 긁기에 배바쁜 어머니의 가슴만을 놀래 놓는다.

별안간의 지랄 소리에 어머니는 흠츨 놀라고 갈퀴를 꽁무니 뒤로 감추며 주위를 둘러 살핀다. 소리의 주인공을 찾는 모양이다. 어머니의 귀에는 사람 입에서 나오는 큰 소리가 총소리보다도 더 무섭게 들린다.

집이라고 가마니 한 겹으로 겨우 둘러싼 산경의 단칸 초막, 날은 추워 온다. 겨울 준비가 없을 수 없다. 그러나 산등성이에 자연히 자라난 풀도 금단의 영역에 속한다. 풀이 없으면, 눈비의 사태질이 산 밑의 집들을 위협하는 줄을 모르느냐는, 핏줄 서린 눈알이 엄한 호령과 같이 군다. 가슴이 뜨끔거리는 낙엽 긁기다. 위로와 도움은 못 드릴망정 부질없는 고함소리로 어머니를 놀래었다. 자기인 줄을 알려야 할 텐데, 어서 알리고 싶어 몸짓을 하며 목을 내빼어 보나, 어머니가 그 형용을 알아줄 리가 없다. 눈을 둘러 주다가 자기의 그림자를 산상에서 찾고는 긁어모은 낙엽도 모르는 채 그대로 버리고 슬그머니 돌아선다. 필시 자기를 아침마다 호령하는 그 눈 붉은 사나이로 아는 모양이다.

"소나무 위에서 까치가 푸득하고 날아만 나두 가슴이 막 내려앉는 것 같구나! 글쎄."

어제 아침에도 낙엽을 한아름 긁어 안고 들어오며 한숨과 같이 허리를 펴는 어머니의 말을 무어라 받아얄지 몰랐다.

귀국한 지가 1년, 지난 겨울 곱돌아오도록 집 한 칸을 마련 못하고 초막에다 어머니를 그대로 모신 채 이처럼 마음의 주름을 못 펴 드리는 자기는 오관을 제대로 가진 옹근 사람 같지가 못하다. 가세는 옛날부터 가난했던 모양으로 아버지도 나와 한가지로 만주에서 시달리다 돌아가셨다지만, 제 나라에 돌아와서도 이런 가난을 대로 물려 누려야 하는 것이 자기에게 짊어지워진 용납 못할 운명일까. 만주에서의 생활이 차라리 행복했었다. 노력만 하면 먹고 살기는 걱정이 없었고, 산도 물도 정을 붙이니 이국 같지 않았다. 노력도 믿지 않는 고국——무슨 일이나 이젠 하는 일이 내 일이다, 힘껏 하자, 정성껏 하자, 마음을 아끼지 않아 오건만 한 칸의 집, 한 자리의 일터에조차도 이렇게 정에 등졌다. 일본이 물러가고 독립이 되었다. 자기도 반가웠거니와 제 땅에 뼈를 묻

게 된다고 기꺼워하시던 어머니——아버지도 고토에 뼈 못 묻힘을 못내
한하였다. 자기만 고토에 묻힐 욕심이 있으랴, 아버지의 유골도 같이 모
시고 나가야 한다. 밤잠도 못 자고 무덤을 파서 뼈마디를 추려 가지고
나온 것이 산 사람의 잠자리도 정치 못하였다. 나올 때에 보자기에 싸
가지고 나온 그대로 어머니의 곁에서 초막살이다. 묻기야 어딘들 못 묻
으련만 고국도 고향이 그렇게 그립다.

　고향은 찻길이 직로라 차로 오자던 고향이 뱃길이 안전하다고 뱃길을
돌아서 왔다. 어디는 제 땅이 아니냐 아무 데나 내려서 가자, 인천에 와
닿고 보니 뜻도 않았던 삼팔선이 그어져 제 나라 아닌 것처럼 남과 북
이 제멋대로 굳었다. 그래도 내 땅이라 못 갈 리 없다고 삼팔의 경계선
을 넘다가 빵 하고 산상에서 터져나오는 총소리에 기겁들을 하고 서성
이다 보니 동행자 중 한 사람이 거꾸러졌다. 삼팔의 국경 아닌 국경을
넘기란 이렇게도 모험인 것을 체험하고, 고향이라야 일가 친척도 한 사
람 없는 그리 푸진 고향도 아니다. 어디를 가도 제손으로 터를 닦아야
할 차비다. 서울도 내 땅이라 보통이를 풀어 놓고 터를 닦자니 날로 어
려워만 지는 생활, 겨울까지 눈앞에 떨어졌다. 초막의 추위는 지금도 고
작이다. 밤새도록 담요 한 겹에 싸여 신음하는 어머니, 가슴이 답답하
다. 시원한 바람이 그립다. 눈이 짝해지자 산을 탔다. 산을 타니 산바람
이나 시원할까, 고향이 그립다. 배꼽줄이 떨어지면서부터 놀던 바다, 고
향의 앞바다, 푸른 바다, 시원한 바다, 그 바다나 마음껏 바라보았으면
바다 끝같이 가슴이 뚫릴 것 같다. 부질없이 봉우리를 추어올라 지랄을
부려보니 마음이 후련할까. 아침이 늦었다고 시장기만이 구미를 돋운
다.

2

마음이 배바빠 아침도 덤비어 치우기는 하였으나 쓸데도 없는 호의에 걸음만이 더디다. 백 번 생각해도 그것은 실행할 일이 아닌 것을······.

진고개 너머 어떤 일본 집에 수속 없이 제 집처럼 들어 있는 사람이 있는데, 정식 수속을 밟아 내쫓고 들어가게 해준다고 부디 오늘 오정 안으로 만나자는 친구가 있다. 집이 없어 한지에서 겨울을 날 생각을 하면 마음이 으쓱하다가도, 그러나 있는 사람을 내쫓고 들자니 생각을 하면 내쫓긴 사람이 역시 자기와 같은 운명에 놓여질 것이 아니 근심일 수 없다.

자기도 처음 서울에 짐을 푼 것은 한지가 아니었다. 푸진 것은 아니었으나 그래도 일본 집 다다미방 한 칸에 베풀어지는 호의를 힘입어 겨울을 나게 되었음은 다행이었다 할까. 해춘도 채 못 미처 수속이 없다, 나가라고 하여 쫓겨난 이후로 이래 아홉 달을 한지에서 산다. 남을 한지로 몰아내고 그 집으로 들어가겠다고 눈을 감을 염치가 없다. 이런 기회는 몇 번이고 있었다. 비로소 듣는 이야기가 아니요 받아 보는 호의가 아니다. 일언에 거절을 하였더니,

"이 사람아, 고양이 쥐 생각두 푼수가 있지, 그런 맘 쓰다가는 이 세 상에선 못 사네."

친구도 어리석은 생각임을 비웃는다.

"그런 얌전만 피다가는 자네 금년 겨울에 동사하네."

아닌게아니라 듣고 보니 그것이 만만히 될 것 같지도 않다.

"글쎄, 그 사람이 쫓겨 나왔어두 집을 잡을 수가 있어야 말이지······."

"흥, 아, 그럼 자네처럼 제 집 없으면 한디에서 겨울 날 줄 아나. 그

저 별생각 말구 눈 딱 감구 내 말만 듣게. 집이 생길 게니."

친구는 승낙도 없는 상대방의 의견을 임의로 무시하며 혼자 약속을 하고 갔다. 해를 두고 마음을 바꾸며 사귄 친구도 아니다. 만주에서 나올 때 우연히 같은 배를 타게 되어 뱃간에서 사귄 것밖에 없는 교분이다. 복덕방을 더터 돌아가다가 어제저녁 뜻밖에도 거리에서 만나 된 이야기다. 염려하여 주는 호의는 열 번 감사하다.

그러나 호의에만 맡겨지는 호의가 반드시 바른 길이라고 생각할 수는 없다. 욕심껏 마음을 제대로 누르고 살아오지는 못했을망정 제 뜻을 버리지 않고도 삼십을 넘어 살았다. 호의가 무시되는 나무람에 자제하여서는 안 된다. 복덕방을 찾아 나가야 할 것이 오늘도 의연히 자기에게 던져진 떳떳한 길이다. 그러나 친구는 혼자 약속이라도 기다리기는 기다릴 눈치였다. 그를 거쳐 가는 것이 걸음의 순서는 된다, 결론을 짓고 나선다.

남대문 시장의 남미창정 어귀라고만 하여 놓은 것이 하도 사람이 많고 뒤섞여 좀해서는 찾을 수가 없다. 어른, 아이, 늙은이, 색시까지 뒤섞여 물건들을 안고 지고 밀치며 제치며 비비튼다. 같이 비비고 끼어들어 보니 안쪽 구석으로 낯익은 그림자가 시야에 들어온다. 잠바 흥정이 붙었다. 친구는 양복 위에다 잠바를 입었다. 물건 주인은 값이 맞지 않는 모양으로 어서 벗으라고 잠바 앞섶을 한 손으로 붙들고 당긴다. 조금도 닳아진 맛이 없는 것 같은 스물다섯이 채 되었을까 한 청년이다.

"안 팔다니! 8백 원이면 제 시센데 시세를 다 줘두 안 팔아? 이건 누굴 히야까시(조롱·놀림)루 가지구 나와서?"

친구는 눈을 매섭게 부릅뜨고 팔을 뿌리친다.

"글쎄, 그르켄 못 팔아요. 2천 원 다 줘야 돼요."

청년은 손을 다시 잠바로 건너간다. 친구의 눈은 좀더 매섭게 모로

비끼더니,

"받아요."

지전 묶음을 청년의 호주머니 속에 억지로 넣어 주고 돌아선다.

넣어 준 돈을 청년은 다시 꺼내 부르쥐고 뒤를 쫓는다.

"여보!"

친구의 옷자락을 붙든다.

"누구야! 왜, 붙들어? 바쁜 사람을……."

"인 줘요."

"주다니, 뭘 줘?"

"잠바 말이에요."

"당신 정신이 있소? 물건을 팔구 돈까지 지갑에 넣구 다니다가 딴 생각을 허구선…… 이건 누굴 바지저고리만 다니는 줄 알아? 맘대로 물건을 팔았다 물렸다……."

몸부림을 쳐 청년의 붙든 손을 떨구고 떨어진 손을 와락 붙들어 이마빼기가 맞닿으리만큼 정면으로 딱 당겨 세우고 눈을 흘기며 가슴을 밀어젖힌다.

"이러단 좋지 못해, 괜히?"

밀어젖힌 대로 물러난 청년은 더 맞잡이를 할 용기를 잃는다. 멍하니 친구를 바라보고만 섰더니 어처구니없는 듯이 뭐라고 혼자 중얼거리며 그대로 쥐고 있던 돈을 세어 보고 집어넣는다.

무서운 판이었다. 총소리 없는 전쟁마당이다. 친구는 이 마당의 이러한 용사이었던가, 만나기조차 무서워진다. 여기 모여 웅성이는 이 많은 사람들은 그러한, 소리 없는 총들을 마음속에 깊이들 지니고 있는 것일까. 빗맞을까 봐 곁이 바쁘다.

"아, 여 여보!"

어서 이 자리를 떠나고 싶어 자기를 찾는 듯이 살피는 친구를 꾹 찔러 부른다.

"지금 왔소?"

"나 좀 바빠 먼저 가얄까 봐, 기다리겠기에 들렀지."

"바쁘긴, 내 다 아는걸…… 글쎄 그래 가지군 백만 날 돌아다녀야 집 못 얻는달밖에. 난 아직 아침두 못 먹구…… 우리 점심 같이 허구 잠깐 집에 들러 옷 좀 갈아입고 나가세."

"아니, 정말 난……."

"글쎄, 이리 와요."

손목을 잡아끌어 앞세운다. 강박히 부딪칠 수가 없다.

점심이라기보다 술이었다. 실로 얼마 만에 쇠고기 찜을 실컷 하고 확확 다는 얼굴을 느끼며 남산 밑을 돌아 후암동으로 따라간다. 어느 커

다란 회사의 중역이 살던 숙사인 듯 반양식의 빨간 기와집이다.

"이 집도 그렇게 얻었거든."

친구는 전령의 단추를 누른다.

꼭 같은 알몸으로 보퉁이 한 개씩을 등에 걸머지고 인천에 내려서 헤어진 지 1년, 친구의 살림은 벌써 틀이 잡혔다. 가구의 준비까지도 완비가 된 듯 장롱이니 의걸이니 놓아야 할 건 제대로 다 들여놓았는 데 놀랐다.

"8백 원, 참 싸구나! 이건."

들고 온 잠바를 친구는 다다미 위에 내던진다.

"거긴 하루 한때만 들러도 밥벌인 되거든. 일자린 없것다, 쌀 값은 비싸것다. 그대로 댕그라니들 앉아서 배겨날 장사가 있나. 전재민이 가지구 나오는 물건이 여간 많은 게 아니야. 늪지에서 자라난 풀대 모양으로 희멀쑥한 얼굴이 물건을 제대루 내놓지도 못하구 옆에다 끼구선 비실비실 주변으로만 도는 걸 붙들기만 허면 그건 그저 얻는 폭이지. 잠바도 만주 건가 봐. 가죽이니 좀 좋아? 작자가 아리숭해 가지구 그래두 첫마디엔 안 놓아 주구 제법 쫓아오던데? 글쎄 외투루부터 저구리, 바지 차례루 다들 팔아자시군 쪽 발가벗고들 눈이 멀뚱멀뚱하여 누워서 천장에 파리똥만 세구 있는 사람두 있대나? 하하…… 자네도 이런 데 눈 뜨지 않으면 파리똥 세게 되네, 괘니……."

"파리똥두 집이 있어야 헤지, 난 별만 헤네."

농으로 받기는 하였으나 친구의 상식과는 대잡이가 되지 않는다. 기만 막히는 소리뿐이다.

"난 가겠네."

"아, 이 사람아! 같이 나가? 내 정말 한놈 내쫓구 집 들게 해 준달밖에."

"우리 단 두 식구 살 집 그리 커선 뭘 허나. 난 방이나 한 칸 얻을까 봐."

"방은 그래 얻을 듯싶어? 보증금이 만 원두 넘는다데."

"방두 못 얻으면 이북으로 가지."

"저런! 이북선 누가 거저 집 주나? 다 저 헐 나름이라누. 여기서 못 살면 거기 가두 못 살아. 괘니 고집부리지 말구 앉게."

"그래두 가는 사람이 많던데?"

"아, 가는 사람만 봤나? 오는 사람이 더 많은 건 못 보구. 이 좋은 시세에 서울서 못 살면 어디서 산다는 게여."

"아니, 정말 이러단 오늘두 참 내가……."

일어서는 옷자락을 친구는 붙든다.

"글쎄 앉아."

"놓아."

"앉으라니깐."

그래두 뿌리치고 기어코 돌아선다.

"저런 반편이…… 태만 길러서!"

쫓아나와 중얼거리는 소리를 층층대를 내려서며 듣는다.

3

낮의 거리는 여전히 사람들의 발부리에 닦인다. 거리가 비좁게 발부리를 닦는 무리들, 하고한 날을 이렇게도 많을까. 겨레도 모르고 양심에 눈감은 무리들은 골목마다에 차고 땀으로 시간을 삭이는 무리들은 일터마다에 찼다. 차고 남아 거리로 범람하는 무리들이 이들의 존재라면, '반편이야 태만 길러서'의 축에 틀림없다.

이 반편의 축들은 다들 밤이면 별을 세다가 오라는 데도 없는 걸음이 이렇게도 싱겁게 배바쁜 것일까. 언제까지나 싸늘한 별을 가슴에다 부둥켜안고 세어야 태 속에서 벗어나 거리에의 정리에 도움이 될까. 피난민 구제회의 알선으로 어떤 문화사에 이력서를 내고 총무부장과의 인사 끝에 집이 있느냐고 묻기에 솔직히 대답한 한 마디가 다 된 죽에 떨어진 코 격이었다. 기별이 있겠으니 그리 알라고 돌리어 온 채 이래 반 년을 깜깜소식임이 문득 생각키우며, 집이란 것이 사람으로서 존재의 인정을 받는 데에 그렇게도 큰 역할을 하고 있는 것임을 새삼스럽게 느끼다가, 펄럭이는 복덕방의 휘장을 본다. 골목을 접어들다가 깜짝 놀란다. 별안간 총소리가 귓전을 때리는 것이다.

"타앙."

건설이냐, 파괴냐.

"타앙."

연거푸 또 한 방.

아로새겨지는 역사의 페이지에 단 한 점 콤마 점이라도 찍혀지는 역할일까.

분주히 눈을 둘러 살핀다. 시야에 들어오는 짐작이 없다. 어디서 날아났는지 기급을 하고 공중에 뜬 까치 두 마리가 걸음아 날 살려라, 몸이 무거움을 느끼는 듯이 깃부침만이 바쁘게 북으로 날아 달릴 뿐, 언제나 같이 평온한 골목이다. 거리에도 이상이 없다. 전차도 오고간다. 자동차도 달린다. 사람들도 여전하다.

어디서 난 총소릴까. 듣고만 있을 총소릴까.

이윽고 밤도 아닌데 이마빼기에 쌍볼을 달고 아앙 소리를 냅다 지르며 서대문 쪽을 향하여 종로 한복판을 질풍같이 달리는 한 대의 하얀 미군 구급차의 풍진이 일었다.

무슨 일인지 단단히 난 모양이다.

총소리와 관련된 차일까, 생각을 더듬다가 또 골목으로 들어선다. 복덕방의 깃발이 헤기는 것이다.

"방 있습니까?"

"방 얻을 생각은 말아요."

안경 너머로 눈알이 삐죽하다 말고 맞붙은 장기판 위로 도로 떨어진다.

"그렇게도 없습니까?"

쓸데도 없는 소리를 되묻는다는 듯이 거들떠보려고도 않고, 장훈이 소리만을 기세 있게 허연 수염 속으로 내뿜으며 무릎을 조인다. 다시 더 두말이 긴치 않을 눈치다. 골목을 되돌아 나온다. 어디나 매일반인 대답, 가을내나 다름이 없다. 싹도 찾을 수 없는 방, 날마다 종일 품만 놓는 방이다. 마음도 지쳤거니와 다리도 지쳤다.

다시 뒤탈 생념에 정열이 빠진다. 찌뿌둥 흐린 날씨는 눈까지 빚는 것인가. 젊은 놈이야 한지에 선들 마뜩해 얼어야 죽으련만 어머니는 환갑이 넘었다. 정말 이북으로 가 보나, 생각을 하니 생각마다 간절한 이북이다.

4

아들이 돌아오는 발자국 소리가 그렇게도 기둘키었을까. 말라 까부라진 낙엽이 발밑에 부서지는 싸각 소리가 벌써 어머니의 귀에 스쳤나 보다. 산곡을 접어들기가 바쁘게 반짝 초막에 불이 켜진다.

"진지 잡수셨어요?"

"오늘두 저물었구나. 집은 얻었네?"

앉기도 전에 어머니는 냄비를 밀어 내놓는다. 저녁이었다. 밀가루떡이 네 개 소복이 담기었다.

"어머니 더 잡수시지요. 오늘두 집 못 얻었습니다."

"아이구, 집이 그렇게 힘들어 어떻거간, 큰일났구나. 오늘은 너 들어오길 어떻게 기다렸는데."

전에 없던 한숨이 힘없이 길다.

"왜, 늘 벅작 고는 눈 붉은 사람 있디 않네? 그 사람이 곽쟁이(갈퀴)를 빼뜨러갔구나!"

"네!"

"아까 저녁때, 새를 또 좀 해 볼라구 나섰다가 그 사람헌테 붙들려서 욕을 보았구나. 방공호두 하두 많은데 하필 이 산 속에 들어백여 남꺼지 못 살게 할라구 그러느냐구 눈을 부르대이누나."

"그러세요?"

"우리가 여기서 겨울을 난다면 산이 새빨개지구 말 터이니 봄에나 가면 산 아래 집들은 하나 없이 사태에 묻히겠다구, 어디서 거지 같은 것들이 성화냐구 막 욕을 퍼붓디 않갔네?"

"욕을 퍼버요! 그래서요?"

"그래서 집을 얻는 중이라구 그랬더니, 거지쌈지 보구 누구레 집을 빌리리라구 하면서 피난민 소굴로 가래누나. 당춘단이 소굴이라나……."

"네에, 그래요."

"이것 좀 보람 글쎄. 가두 당장 가라구 눈을 홀근댕이며 곽쟁이루 이 가마니짝들을 걸어 댕겨서 다 떨러 놓지 않안? 그래서 내레 저녁 한 결을 돌아가멘서 데르케 잡아 매났구나."

"네, 알겠습니다. 아무래두 이북이 인심이 날까 봐요. 이북으로 떠나

가십시다, 어머니!"

"야, 봐라! 그 끔찍한 삼팔선을 어드케 또 넘갔네."

"남들이라구 다 오구 가구 허겠어요?"

"그래 가는 사람두 있던? 머……."

"아, 있구말구요."

"고롬 가자꾼, 우리두, 위선 네 아버지 뻬다굴 처티해야디, 그걸 어드케 늘 안구 있갔네. 그래 거긴 인심이 살기 도태던?"

"여기같이야 허겠습니까."

"야, 그롬 가자."

두 개 남았던 초를 밤이 깊도록 다 태우고, 이튿날 아침 담요를 팔아 여비를 마련한 다음, 밤차에 대어 어머니와 아들은 청단까지의 차표를 한 장씩 들고 서울역에 나타났다. 간단한 짐이었다. 아들은 하나 남은 담요에다 아버지의 유골을 덧말아 등에 지고, 냄비 두 개에 바가지 하나는 어머니가 꿰어 들었다.

사람은 확실히 거리로 범람한다. 가는 곳마다 이렇게 많을까. 정거장 안도 촌보의 여지가 없이 들어찼다. 비비고 들어가 겨우 벤치의 한 자리를 뚫어 어머니를 앉혔다.

"아아니! 이게 공경골짓 아즈마니 아니오?"

옆에 앉았던 여인의 눈이 둥그레서 어머니의 손목을 붙든다.

"너 박촌짓 딸 아니가?"

어머니도 알아본다. 아래윗동네에서 살다가 만주로 들어가게 되어 서로 떨어졌던 고향 사람끼리 우연히도 여기서 만난다. 아들과 여인의 남편도 서로 알아본다.

"아, 이게 10년 만이구나!"

감격한 악수가 손 안에 다정하다.

"아니. 그런데 아즈머니, 어드케 여기서 만내요? 되따에선 원제 나오셨기?"

"참, 넌 어드케 여기서 만내네?"

"우린 지금 이북서 넘와요. 살기가 너머 어려워서, 듣는 말이 남이 도타구 그래 강원도루 가는 길이에요."

"머이! 살기가 어려워? 우린 이북으로 가는 길인데……."

"이북으루요? 아이구, 갈 념 마루우. 잘사는 사람은 잘살아두, 못사는 사람은 거기 가두 못살아요. 돈 있는 사람 덴답과 집들을 다 떼슴 멀 허갔소. 없던 사람들이 당사들을 해서 그만침은 또 다 잡아 났는데…… 우리두 그런 당살 했음 돈 잡았디요. 우리 옥순이 아버진 그런 당사엔 눈두 안 뜨구 피익픽 웃기만 허디요. 그러니 살긴 어려워만 가구 좀허면 그렇게 힘든 국껑(국경)을 넘어오갔소?"

"아이구, 우리 아와 신통히두 같구나. 만주서 같이 나온 사람들은 야미 당사들을 해서 돈 모은 사람들이 많은데, 우리 아가 그런 건 피익픽 웃디, 밥을 굶으맨서두. 거기두 고름 그러쿠나 거저. 살기가 같을 바에야 멀 허레 그 끔즉헌 국껑을 넘어가간."

"그러믄요. 아이, 여기두 고롬 살기가 그르케 말째우다레 잉이? 머 광다부(광목) 한 자에 30원 헌다, 40원 헌다 허더니."

"우리 가제 와선 그르케두 했단다. 어즈께레 옛날인데 멀 그르네. 거기 집은 어드르니? 그런데, 얻긴 쉬우니?"

"쉽다니요! 발라요. 거저 집이라구 우명헌 건 내만 놓으문 훌떡훌떡 허디요. 그르기 어디 빈 간이 있게 그르우? 만주서 나와 집 찾는 사람두 있디요? 제 집 쬐께나서 어디 빈 간이나 있을까 허구 돌아가는 사람두 있디요? 머 촌이나 골이나 딱 같습두다. 난이에요, 난."

"여기두 그르탄다. 우린 집을 못 얻구 한디에서 내내 살았단다. 밥이

라군 밀가루떡만 먹구."

"여기서두 고름 그르케 집이 없어요! 것두 같수다레, 고롬?"

"글쎄 네 말을 들으니께니 집 없는 것꺼지 신통두 허게 같구나, 참."

"아이, 괘니 넘어왔나 봐."

"우린 괘니 넘어갈라구 허구."

두 여인만이 서로 한심해하는 게 아니다. 사내들도 같은 말을 바꾸고는 난처해 마주 섰다. 앉았던 사람들이 별안간 일어서며 웅성인다. 개찰이 시작되는 모양이다.

"어머니!"

"와 그르네?"

"고향 가두 시언헌 건 없을까 봐요."

"글쎄 박촌짓 딸 네기(이야기) 들으니께니 그르태누나."

한심해서 서성이는 동안 승객들은 다 빠져 나고 개찰구는 닫긴다.

물 샌 바다같이 갑자기 휑해진 대합실 안엔 한기만이 쩽하고 휘 떠돈다.

전영택

화수분

천치? 천재?

운명

소

방황

흰 닭

지은이

1894~1968년. 호는 늘봄, 추호. 평양 출생. 1932년에는 미국 퍼시픽 대학
신학과를 졸업했다. 1919년에 《창조》 동인으로 문단에 등장해 단편 〈혜선의
사〉, 〈천치? 천재?〉 등을 발표했다. 대표작으로 단편 〈화수분〉, 〈흰닭〉, 〈사진
〉 등이 있으며, 단편집 《생명의 봄》이 있다. 초기에는 주로 자연주의 경향의
작품을 썼다.

화 수 분

1

첫겨울 추운 밤은 고요히 깊어 간다. 뒤뜰 창 바깥에 지나가는 사람소리도 끊어지고, 이따금 찬바람 부는 소리가 획——우수수 하고 바깥의 춥고 쓸쓸한 것을 알리면서 사람을 위협하는 듯하다.

"만주노 호야 호오야."

길게 그리고도 힘없이 외치는 소리가, 보지 않아도 추워서 수그리고 웅크리고 가는 듯한 사람이 몹시 처량하고 가엾어 보인다. 어린애들은 모두 잠들고 학교 다니는 아이들은 눈에 졸음이 잔뜩 몰려서 입으로만 소리를 내어 글을 읽는다. 나는 누워서 손만 내놓아 신문을 들고 소설을 보고, 아내는 이불을 들쓰고 어린애 저고리를 짓고 있다.

"누가 우나?"

일하던 아내가 말하였다.

"아니야요. 그 절름발이가 지나가며 무슨 소리를 지껄이면서 그러나 보아요."

공부하던 애가 말한다. 우리들은 잠시 그 소리를 들으려고 귀를 기울였으나, 다시 각각 그 하던 일을 계속하여 다시 주의도 하지 아니하였다. 그러다가 우리는 모두 잠이 들어 버렸다.

나는 자다가 꿈결같이 으으으으으으 하는 소리를 들었다. 잠깐 잠이 반쯤 깨었으나 다시 잠들었다. 잠이 들려고 하다가 또 깜짝 놀라서 깨었다. 그리고 아내에게 물었다.

"저게 누가 울지 않소?"

"아범이구려."

나는 벌떡 일어나서 귀를 기울였다. 과연 아범의 우는 소리다. 행랑에 있는 아범의 우는 소리다.

'어찌하여 우는가. 사나이가 어찌하여 우는가. 자기 시골서 무슨 슬픈 상사의 기별을 받았나? 무슨 원통한 일을 당하였나?'

나는 생각하였다. 어이어이 느껴 우는 소리를 들으면서 아내에게 물었다.

"아범이 왜 울까?"

"글쎄요, 왜 울까요?"

2

아범은 금년 구월에 그 아내와 어린 계집애 둘을 데리고 우리 집 행랑방에 들었다. 나이는 한 서른 살쯤 먹어 보이고 머리에 상투가 그냥 달라붙어 있고, 키가 늘씬하고 얼굴은 기름하고 누르퉁퉁하고, 눈은 좀 큰데 사람이 퍽 순하고 착해 보였다. 주인을 보면 어느 때든지 그 방에서 고달픈 몸으로 밥을 먹다가도 얼른 일어나서 허리를 굽혀 절한다. 나는 그것이 너무 미안해서 그러지 말라고 이르려고 하면서 늘 그냥 지내었다. 그 아내는 키가 자그마하고 몸이 똥똥하고, 이마가 좁고, 항상 입을 다물고 아무 말이 없다. 적은 돈은 회계할 줄을 알아도 '원'이나 '백 냥' 넘는 돈은 회계할 줄을 모른다.

그리고 어멈은 날짜 회계할 줄을 모른다. 그러기에 저 낳은 아이들의 생일을 아범이 그 전날, 내일이 생일이라고 일러 주지 않으면 모른다고 한다. 그러나 결코 속일 줄은 모르고, 무슨 일이든지 하라는 대로 하기는 하나 얼른 대답을 시원히 하지 않고, 꾸물꾸물 오래 하는 것이 흠이다. 그래도 아침에는 일찍이 일어나서 기름을 발라 머리를 곱게 빗고, 빨간 댕기를 드려 쪽을 찌고 나온다.

그들에게는 지금 입고 있는 단벌 홑옷과 조그만 냄비 하나밖에 아무 것도 없다. 세간도 없고, 물론 입을 옷도 없고, 덮을 이부자리도 없고, 밥 담아 먹을 그릇도 없고, 밥 먹을 숟가락 한 개가 없다. 있는 것이라고는 보기 싫게 생긴 딸 둘과 작은애를 업는 홑누더기와 띠, 아범이 벌이하는 지게가 하나——이것뿐이다. 밥은 우선 주인집에서 내어간 사발과 숟가락으로 먹고, 물은 역시 주인집 어린애가 먹고 비운 가루우유통을 갖다가 떠 먹는다.

아홉 살 먹은 큰 계집애는 몸이 좀 뚱뚱하고 얼굴은 컴컴한데, 이마는 어미 닮아서 좁고, 볼은 애비 닮아서 축 늘어졌다. 그리고 이르는 말은 하나도 듣는 법이 없다. 그 어미가 아무리 욕하고 때리고 하여도 볼만 부어서 까딱없다. 도리어 어미를 욕한다. 꼭 서서 어미보고 눈을 부르대고 '조 깍쟁이가 왜 야단이야.' 하고 욕을 한다. 먹을 것이 생기면 자식 먹이고 남편 대접하고, 자기는 늘 굶는 어미가 헛입 노릇이라도 하는 것을 보게 되면 '저 망할 계집년이 무얼 혼자만 처먹어?' 하고 욕을 한다. 다만 자기 어미나 아비의 말을 아니 들을 뿐 아니라, 주인 마누라나 주인 나리가 무슨 말을 일러도 아니 듣는다. 먼 데 있는 것을 가까이 오게 하려면 손수 붙들어 와야 하고, 가까이 있는 것을 비키게 하려면 붙들어다 치워야 한다.

다음에 작은 계집애는 돌을 지나 세 살 먹은 것인데, 눈이 커다랗고 입술이 삐죽 나오고, 걸음은 겨우 빼뚤빼뚤 걷는다. 그러나 여태 말도 도무지 못하고, 새벽부터 하루 종일 붙들어 매어 끌려가는 돼지 소리 같은 크고 흉한 소리를 내어 울어서 해를 보낸다.

울지 않는 때라고는 먹는 때와 자는 때뿐이다. 그러나 먹기는 썩 잘 먹는다. 먹을 것이라고는 눈앞에 보이기만 하면 죄다 빼앗아다가 두 다리 사이에 넣고, 다리와 팔로 웅크리고 응응 소리를 내면서 혼자서 먹는다. 그렇게 심술 사나운 큰 계집애도 다 빼앗기고 졸연해서 얻어먹지 못한다. 이렇기 때문에 작은 것은 늘 어미 뒷잔등에 업혀 있다. 만일, 내려놓아 버려 두면 그냥 땅바닥에 벗은 몸으로 두 다리를 턱 내뻗치고, 묶여 가는 돼지 소리로 동리가 요란하도록 냅다 지른다.

그래서 어멈은 밤낮 작은것을 업고 큰것과 싸움을 하면서 얻어먹지도 못하고, 물 긷고 걸레질 치고 빨래하고 서서 돌아간다. 작은것에게는 젖을 먹이고, 큰것의 욕을 먹고 성화받고, 사나이에게 웅얼웅얼하는 잔말을 듣는다. 밥 지을 쌀도 없는데, 밥 안 짓는다고 욕을 한다. 그리고 아범은 밝기도 전에 지게를 지고 나갔다가 밤이 어두워서 들어오지만, 하루에 두 끼니를 못 끓여 먹고, 대개는 벌이가 없어서 새벽에 나갔다가 오정때나 되면 일찍 들어온다. 들어와서는 흔히 잔다. 이런 때는 온종일 그 이튿날 아침까지 굶는다. 그 때마다 말없던 어멈이 웅알웅알 바가지 긁는 소리가 들린다. 어멈이 그 애들 때문에, 그렇게 애쓰고, 그들의 살림이 그렇게 어려운 것을 보고, 나는 이따금 이렇게 생각하였다.

아내에게 말도 한다.

"저 애들을 누구를 주기나 하지."

위에 말한 것은 아범과 그 식구의 대강한 정형이다. 그러나 밤중에 그렇게 섧게 운 까닭은 무엇인가?

3

그 이튿날 아침이다. 마침 일요일이기 때문에 내게는 한가한 틈이 있어서 어멈에게서 그 내용을 들을 기회가 있었다.

"지난밤에 아범이 왜 그렇게 울었나?"

하는 아내의 말에 어멈의 대답은 대강 이러하였다.

"제가 늘 쌀을 팔러 댕겨서 저 뒤의 쌀가게 마누라를 알지요. 그 마누라가 퍽 고맙게 굴어서 이따금 앉아서 이야기도 했어요. 때때로 그 애들을 데리고 어떻게 지내나, 하고 물어요. 그럴 적마다 '죽지 못해 살지요.' 하고 아무 말도 아니했어요. 그러는데 한번은 가니까 큰애를 누구를 주면 어떠냐고 그래요. 그래서 '제가 데리고 있다가 먹이면 먹이고 죽이면 죽이고 하지, 제 새끼를 어떻게 남을 줍니까? 그리고 워낙 못생기고 아무 철이 없어서 에미 애비나 기르다가 죽이더래도 남은 못 주어요. 남이 가져갈 게 못 됩니다. 그것을 데려가시는 댁에서는 길러 무엇합니까. 돼지면 잡아나 먹지요.' 하고 저는 줄 생각도 안했어요. 그래도 그 마누라는 '어린것이 다 그렇지 어떤가. 어서 좋은 댁에서 달라니 보내게. 잘 길러 시집보내 주신다네. 그리고 젊은 이들이 벌어먹고 살아야지. 애들을 다 데리고 있다가 인제 차차 날도 추워 오는데 모두 한꺼번에 굶어 죽지나 말고…….' 하시면서 여러 말로 대구 권하셔요. 말을 들으니까 그랬으면 좋을 듯도 하기에 '그럼 저의 아범보고 말을 해 보지요.' 했지요. 그랬더니 그 마누라가 부쩍 달라붙어서 '내일 그 댁 마누라가 우리 집으로 오실 터이니 그 애를 데리고 오게.' 하셔요. 해서 저는 '글쎄요' 하고 돌아와서 그 날 밤에, 그젯밤이올시다. 그젯밤이 아니라 어제 아침이올시다. 요새 그

이는 정신이 하나도 없어요. 그래, 밤에는 들어와서 반찬 없다고 밥도 안 먹고, 곤해서 쓰러져 자길래 그런 말을 못하고, 어제 아침에야 그 이야기를 했지요. 그랬더니 '내가 아나, 임자 마음대로 하게그려.' 그러고 일어서 지게를 지고 나가 버리겠지요. 그러고는 저 혼자서 온종일 이리저리 생각을 해 보았지요. 아무러나 제 자식을 남을 주고 싶지는 않지만 어떻게 합니까. 아씨 아시듯이 이제 새끼가 또 하나 생깁니다그려. 지금도 어려운데 어떻게 둘씩 셋씩 기릅니까. 그래서 차마 발길이 안 나가는 것을 오정때가 되어서 데리고 갔지요. 짐승 같은 계집애는 아무런 것도 모르고 따라나서요. 앞서 가는 것을 뒤로 보면서 생각을 하니까 어째 마음이 안되었어요."

하면서 어멈은 울먹울먹한다. 눈물이 핑 돈다.

"그런 것을 데리고 갔더니 참말 알지 못하는 마누라님이 앉아 계셔요. 그 마누라가 이걸 호떡이라 군밤이라 감이라 먹을 것을 사다 주면서, '나하고 우리 집에 가 살자. 이쁜 옷도 해 주고 맛난 밥도 먹고 좋지. 나하고 가자, 가자.' 하시니까 이것은 먹기에 미쳐서 대답도 아니하고 앉았어요."

이 말을 들을 때에 나는 그 계집애가 우리 마루 끝에 서서 우리 집 어린애가 감 먹는 것을 바라보다가, 내버린 감꼭지를 쳐다보면서 집어 가지고 나가던 것이 생각났다.

어멈은 다시 이야기를 이어,

"그래, 제가 어쩌나 볼려고, '그럼 너 저 마님 따라가 살련? 나는 집에 갈 터이니.' 했더니 저는 본체만체하고 머리를 끄덕끄덕해요. 그래도 미심해서 '정말 갈 테야? 가서 울지 않을 테야?' 하니까 저를 한 번 흘끗 노려보더니, '그래, 걱정 말고 가요.' 하겠지요. 하도 어이가 없어서 내버리고 집으로 돌아왔지요. 그리고 돌아와서 저 혼자

가만히 생각하니까, 아범이 또 무어라고 할는지 몰라 어째 안 되겠어요. 그래, 바삐 아범이 일하러 댕기는 데를 찾아갔지요. 한번 보기나 하랄려고, 염춘교 다리로, 남대문통으로 아무리 찾아야 있어야지요. 몇 시간을 애써 찾아댕기다가 할 수 없이 그 댁으로 도루 갔지요. 갔더니 계집애도, 그 마누라도 벌써 떠나가 버렸겠지요. 그 댁 마님 말씀이 저녁 여섯 시 차에 광핸지 광한지로 떠났다고 하셔요. 가시면서 보고 싶으면 설 때에나 와 보고, 와 살려면 농사짓고 살라고 하셨대요. 그래 하는 수가 있습니까. 그냥 돌아왔지요. 와서 아무 생각이 없어서 아범 저녁 지어 줄 생각도 아니하고 공연히 밖에 나가서 왔다갔다 돌아댕기다가 들어왔지요. 저는 눈물도 안 나요. 그러다가 밤에 아범이 들어왔기에 그 말을 했더니, 아무 말도 아니하고 그렇게 통곡을 했답니다. 여북하면 제 자식을 꿈에도 보두 못하던 사람에게 주겠어요. 할 수가 없어서 그렇지요. 집에 두고 굶기는 것보다 나을까 해서 그랬지요. 아범이 본래는 저렇게는 못살지는 않았답니다. 저희 아버지 살았을 때는 벼 백 섬이나 하고, 삼 형제가 양평 시골서 남부럽지 않게 살았답니다. 이름들도 모두 좋지요. 맏형은 '장자'요, 둘째는 '거부'요, 아범이 셋짼데 '화수분'이랍니다. 그런 것이 제가 간 후부터 시아버님이 돌아가시고 그리고 맏아들이 죽고 농사 밑천인 소 한 마리를 도적맞고 하더니, 차차 못살게 되기 시작해서 종내 저렇게 거지가 되었답니다. 지금도 시골 큰댁엘 가면 굶지나 아니할 것을 부끄럽다고 저러고 있지요. 사내 못생긴 건 할 수가 없어요."

우리는 이제야 비로소 아범이 어제 울던 까닭을 알았고, 이 때에 나는 비로소 아범의 이름이 '화수분'인 것을 알았고, 양평 사람인 줄도 알았다.

4

그런 지 며칠이 지난 어느 날 아침이다. 화수분은 새 옷을 입고 갓을 쓰고, 길 떠날 행장을 차리고 안으로 들어온다. 그것을 보니까 지난밤에 아내에게서 들은 말이 생각난다. 양평에 있는 형 거부가 일하다가 발을 다쳐서 일을 못하고 누웠기 때문에, 가뜩이나 흉년인데다가 일을 못해서 모두 굶어 죽을 지경이니, 아범을 오라고 하니 가 봐야 하겠다는 말을 듣고, 나는 '가 봐야겠군.' 하니까, 아내는 '김장이나 해 놓고 가야 할 터인데.' 하기에, '글쎄, 그럼 그렇게 이르지.' 한 일이 있었다. 아범은 뜰에서 허리를 한 번 굽히고 말한다.

"나리, 댕겨오겠습니다. 제 형이 일하다가 도끼로 발을 찍어서 일을 못하고 누웠다니까 가 봐야겠습니다. 가서 추수나 해 주고는 곧 오겠습니다. 거저 나리 댁만 믿고 갑니다."

나는 어떻게 대답했으면 좋을지 몰라서,

"잘 댕겨오게."

하였다.

아범은 다시 한 번 절을 하고,

"안녕히 계십시오."

하면서 돌아서 나갔다.

"저렇게 내버리고 가면 어떡합니까? 우리도 살기 어려운데 어떻게 불 때 주고, 먹이고, 입히고 할 테요? 그렇게 곧 오겠소?"

이렇게 걱정하는 아내의 말을 듣고 나는 바삐 나가서 화수분을 불러서,

"곧 댕겨오게, 겨울을 나서는 안 되네."

하였다.

"암, 곧 댕겨옵지요."

화수분은 뒤를 돌아보고 이렇게 대답을 하고 달아난다.

5

화수분은 간 지 일주일이 되고 열흘이 되고 보름이 지나도 아니 온다. 어멈은 아범이 추수해서 쌀말이나 가지고 돌아오기를 밤낮 기다려도 종내 오지 아니하였다. 김장 때가 다 지나고 입동이 지나고 정말 추운 겨울이 되었다. 하루 저녁은 바람이 몹시 불고, 그 이튿날 새벽에는 하얀 눈이 펑펑 내려 쌓였다.

아침에 어멈이 들어와서 화수분의 동네 이름과 번지 쓴 종잇조각을 내놓으면서, 오지 않으면 제가 가겠다고 편지를 써 달라고 하기에 곧 써서 부쳐까지 주었다.

그 다음 날부터는 며칠 동안 날이 풀려서 꽤 따뜻하였다. 그래도 화수분의 소식은 없다. 어멈은 본래 어린애가 딸려서 일을 잘 못하는데다가, 다릿병이 있어 다리를 잘 못 쓰고, 더구나 며칠 전에 손가락을 다쳐서 일을 하지 못하는 것을 퍽 미안하게 생각한다.

그리고 추운 겨울에 혼자 살아갈 길이 막연하여, 종내 아범을 따라 시골로 가기로 결심을 한 모양이다.

"아씨, 그만 시골로 가겠습니다."

"몇 리나 되나?"

"몇 린지 사나이들은 일찍 떠나면 하루에 간다고 해두, 저는 이틀에나 겨우 갈걸요."

"혼자 가겠나?"

"물어 가면 가기야 가지요."

아내와 이런 문답이 있은 다음 날, 아침 바람이 몹시 불고 추운 날 아침에 어멈은 어린것을 업고 돌아볼 것도 없는 행랑방을 한 번 돌아보면서 아창아창 떠나갔다.

그날 밤에도 몹시 추웠다. 우리는 문을 꼭꼭 닫고 문틈을 헝겊으로 막고 이불을 둘씩 덮고 꼭꼭 붙어서 일찍 잤다.

나는 자면서 잘 갔나, 얼어 죽지나 않았나 하는 생각이 났다.

화수분도 가고, 어멈도 하나 남은 어린것을 업고 간 뒤에는 대문간은 깨끗해지고 시꺼먼 행랑방 방문은 닫혀 있었다. 그리고 우리 집에는 다시 행랑 사람도 안 들이고 식모도 아니 두었다. 그래서 몹시 추운 날, 아내는 손수 어린것을 등에 지고 이웃집의 우물에 가서 배추와 무를 씻어서 김장을 대강 하였다. 아내는 혼자서 김장을 하면서 눈물을 흘리고 어멈 생각을 하였다.

6

김장을 다 마친 어떤 날, 추위가 풀려서 따뜻한 날 오후에, 동대문 밖에 출가해 사는 동생 S가 오래간만에 놀러 왔다. S에게 비로소 화수분의 소식을 듣고 우리는 놀랐다. 그들은 본래 S의 시댁에서 천거해 보낸 것이다. 그 소식은 대강 이렇다.

화수분이 시골 간 후에, 형 거부는 꼼짝 못하고 누워 있기 때문에, 형 대신 겸 두 사람의 일을 하다가 몸이 지쳐 몸살이 나서 넘어졌다. 열이 몹시 나서 정신없이 앓았다. 정신없이 앓으면서도 귀동이(서울서 강화 사람에게 준 큰 계집애)를 부르고 늘 울었다.

"귀동아, 귀동아, 어델 갔니? 잘 있니……."

그러다가는 흐득흐득 느끼면서,

"그렇게 먹고 싶어하는 사탕 한 알 못 사 주고 연시 한 개 못 사 주고……."

하고 소리를 내어 어이어이 운다.

그럴 때에 어멈의 편지가 왔다. 뒷집 기와집 진 사댁 서방님이 읽어주는 편지 사연을 듣고,

"아이구 옥분아(작은 계집애 이름), 옥분이 에미!"

하고 또 어이어이 운다. 울다가 펄떡 일어나서 서울서 넝마전에서 사입고 간 새 옷을 입고 갓을 썼다. 집안 사람들이 굳이 말리는 것을 뿌리치고 화수분은 서울을 향하여 어멈을 데리러 떠났다. 싸리문 밖에를 나가 화수분은 나는 듯이 달아났다.

화수분은 양평서 오정이 거의 되어서 떠나서, 해가 질 즈음해서 백리를 거의 와서 어떤 높은 고개를 올라섰다. 칼날 같은 바람이 뺨을 친다. 그는 고개를 숙여 앞을 내려다보다가, 소나무 밑에 희끄무레한 사람의 모양을 보았다. 그 곳에 곧 달려가 보았다. 가본즉 그것은 옥분과 그의 어머니다.

나무 밑 눈 위에 나뭇가지를 깔고, 어린것 업는 헌 누더기를 쓰고 한 끝으로 어린것을 꼭 안아 가지고 웅크리고 떨고 있다. 화수분은 확 달려들어 안았다. 어멈은 눈은 떴으나 말을 못한다. 화수분도 말을 못한다. 어린것을 가운데 두고 그냥 껴안고 밤을 지낸 모양이다.

이튿날 아침에 나무장사가 지나다가, 그 고개에 젊은 남녀의 껴안은 시체와, 그 가운데 아직 막 자다 깨인 어린애가 등에 따뜻한 햇볕을 받고 앉아서, 시체를 툭툭 치고 있는 것을 발견하여 어린것만 소에 싣고 갔다.

천치? 천재?

1

나는 성년도 되기 전부터 못해 본 것이 없이 별것을 다 하였나이다. 어려서는 물론 학교도 다녔지요. 그리고는 주사(관리)도 하였나이다. 예수 믿고 전도도 하였나이다. 어떤 회사에 가서 사무원 노릇도 하였나이다. 그뿐이겠어요? 어떤 친구와 작반해서 오입쟁이 노릇도 하였고, 아주 떨어져서 엿장사도 해 보았나이다. 또 밥 객주도 해 보다가 교사 노릇도 하였나이다. 뛰어서 일본 유학생 노릇도 하였나이다. 촌에 가서 농군 노릇도 하였나이다. 네——한때는 열렬한 애국자가 되어서 북간도, 서간도로 다니면서 독립운동도 하였지요. 어떤 때는 광객 노릇도 하였나이다.

그러다가 어떻게 되어 나는 세 번째 소학교 교사 노릇을 하게 되었나이다. 나는 평생 교사 노릇은 끔찍이 싫어하였고, 더구나 소학교 교사 노릇은 죽어도 아니하려고 하였나이다. 소학 훈장의 똥은 개도 안 먹는다는 속담도 있거니와, 실상 소학교 교사 노릇이야말로 사람은 못할 노릇이외다. 더구나 혈기 있는 청년은 참말 못할 노릇이외다. 내가 이전에 별노릇을 다 해 보았으나, 소학교 교사같이 못할 노릇은 없더이다. 그러므로 나는 '세상에 노릇이 많은 가운데 훈장 노릇이 가장 어렵다.' 하는 정의를 내리고, 저 혼자 늘 그 생각을 하고 있나이다.

내가 세 번째 갔던 학교는 평안도 중화군 서면에 있는 득영학교이었나이다. 그렇게 싫어하고, 그렇게 못할 소학교 교사 노릇을 겨우 십이원 월급에 팔려서 세 번째나 다시 하게 된 것은 정말 형편이 할 수 없어서 그런 것이지요. 늙은 어머니와 자식들과 살아갈 도리가 없고, 아주 궁해져서 교사 노릇 자리를 얻어 간 것이지요.

득영학교는 중화 서면에서 꽤 세력 있는 박씨 일문이 사는 촌중에 세운 것이었습니다.

교실은 본래 서당으로 쓰던 기와집인데, 동리 뒷산등에 들썩하게 지은 것인 고로, 그 근처 한 수십 리 안에서는 어디서 보든지 우뚝 솟은 득영학교가 눈에 얼른 띄나이다.

내가 맨 처음 교사로 고빙되어 봇짐을 지고 득영학교를 찾아오다가, 멀리서 보이는 회칠한 기와집을 보고 벌써 저것이 학교로구나, 짐작이 될 때에 여러 가지로 상상을 했지요.——저 학교에는 학생이 몇이나 될까? 저 학교에는 나같이 할 수 없이 되어 마지막 수단으로 몇 푼 월급에 팔려서 왔던 속 썩어진 훈장이 몇 놈이나 될까? 그래도 그 가운데도 제법 교육의 사명을 깨닫고 왔던 사람이 있을까? 무얼 있을라고…… 훈장 노릇! 에구, 또 해? 이전에 씩씩하던 생각이 나서 이마를 찌푸렸습니다.

저 학교 생도가 적어도 열다섯 명은 되겠지, 그 가운데 꽤 재간이 있는 천재도 있으렷다. 못나디못난 천치도 있으렷다.

또는 흉악한 불량아도 있으렷다. 손을 댈 수가 없이 사나운 아이가 있어서, 내 말을 안 듣고 속을 썩이면 어떡하나——걱정도 해 보았습니다.——아니다. 내가 잘못하면 불량아를 만들어 놓기도 하고, 잘하면 천재나 훌륭한 인재를 만들어 놓을 수도 있고, 불량아가 변해서 우량아가 되도록 할 수도 있다. 옛날부터 농촌에서 시인·문사가 많이 나고,

위인·걸사가 많이 났다더다. 이런 생각을 하니까, 책임감으로 갑자기 짐이 무거워짐을 깨달았습니다. 나는 문득 얼굴이 확확 달아짐을 깨달았습니다. 나는 평시에 교육학은 한 페이지도 공부해 보지 못했습니다. 물론 아동심리학 같은 것은 구경도 못했습니다. 아이들의 성격과 개성을 가려 볼 만한 총명한 눈도 가지지 못하였습니다. 나는 다만 일찍 우리 아버지 덕에 쉬운 일어와 산술을 좀(겨우 분수까지) 배웠을 따름이외다. 이것을 본전 삼고, 남의 귀한 자제를 맡아 가르치려고, 아니 돈 십이 원을 거저 먹으려고, 남이 땀흘려 농사지은 곡식을 편안히 앉아서 먹으러 간다고 생각을 하니, 부끄럽기가 끝이 없는 것을 염치없이 그날 저녁 여덟 시에 교감 댁을 찾아 들어갔습니다. 박 교감의 인도로 학교로 올라갔습니다. 저녁은 교감의 집에서 얻어먹었습니다. 밥은 교감의 집에서 먹고, 거처는 학교에서 하기로 하였습니다.

교감이 팔십 원이나 들여 수리를 해서, 이제는 훌륭한 학교가 되었다고 자랑을 하는 교실은, 밤이면 교사가 거처하는 방까지 합하여 두 칸 반이요, 깨진 유리창 한 개가 달린 것이 가장 신식이더이다.

교감이 내려간 후에 혼자서 자려니까 미상불 좀 무서운 생각이 나더이다. 나보다 먼저 왔던 선생이 혼자 자다가 승냥이한테 물려 가지나 아니하였으나, 혹은 이 반 칸 방에서 밤에 대들보에 목을 매고 죽지나 아니하였으나, 목매 죽은 귀신이 퍽 무섭다는데…… 교감이라는 영감이 벌써 얼른 보기에 천하 깍쟁이 같더라. 꼭 꽹이 수염같이 노오란 것이 몇 오라기가, 까부러진 매부리코 밑에 밭디밭은 입술 위에 빳빳 뻗치고, 눈은 연해 핼금핼금하고, 고연히 헛기침을 자주 하는 것은 아무가 보아도 깍쟁이라고 아니할 수 없다……. 나는 처음 보고 이내, 네가 아전 노릇으로 늙어서 털이 노래졌구나, 하였습니다. 이 동리 양반(?)들은 모두

다 몹시 교만하다는 말과 교사를 거지같이 여겨 괄시한다는 말을 들었습니다. 아이들까지도 그 감화를 받아서 교사 따위는 우습게 알고, 제법 업신여긴다는 말과, 학교가 겨울에는 지독히 춥다는 말도 듣고 왔습니다.

그래서 나는 분명히 분명히 목매 죽거나 얼어 죽은 놈이 있으리라고 생각하였습니다. 얼어 죽은 놈은 반드시 있으리라고 하였습니다. 당장 숭굴숭굴 터진 담 틈으로는 하늘의 별이 보이고, 산산한 가을 바람이 솔솔 불어 들어오더이다. 목매 죽은 귀신이 오면 어떡하나, 금년 겨울에 얼어 죽지나 않을까 별생각을 다 하고, 나같이 못난 놈을 하늘같이 믿고 있는 우리 어머님과 동생들 생각을 하다가 모르는 새에 잠이 들었습니다.

다음 날 오후에 나는 컴컴한 방 안에 있기가 싫어서 혼자 뒷산으로 올라갔습니다.

가을 하늘이 마치 잔잔한 호수같이 맑고, 넘어가던 석양빛은 먼 산 가까운 촌을 자홍색으로 물들여 놓았더이다. 나는 산꼭대기까지 올라가서 아랫동네를 내려보다가, 저——건너편 읍내에 대문은 기울어지고 저 문 햇빛에 목욕시키는 향교를 보고 감개한 느낌을 못 이겨하는데, 내 발 밑에서 '선산님!' 하는 소리가 들리더이다. 나는 깜짝 놀라서 굽어본즉 어디서 잠깐 본 듯한 아이가 숨이 헐떡헐떡하면서 나를 쳐다보고 있더이다. 얼굴은 둥그렇고 머얼건데, 눈에 흰자위가 많고 빙글빙글 웃는 것이 어째 수상하게 보이더이다. 그 웃음은 나를 반기는 것인지, 너는 또 무얼 하러 왔니? 하고 성가신 물건이라는 표정인지 알 수 없는 이상한 웃음이더이다.

밥 먹으래! 하는 말에 웃음을 참지 못하였으나, 그 애가 박 교감 집

아이인 줄은 얼른 짐작했습니다. 나는, 오냐 가자 하고 내려가면서, 네이름이 무어냐? 하고 물었습니다. 칠성이, 이것이 그 대답이었습니다. 머리를 한 번 끄떡하더니 다시 흔들고는 입을 벌리고 나를 쳐다보더이다. 나는 속으로 짐작되는 것이 있어서 다시 더 묻지 아니하고 그 손을 잡고 슬금슬금 내려갔습니다.

내려가면서, 나이는 몇 살이냐? 물은즉, 얼굴이 갑자기 이상해지면서 대답을 아니하기에 다시 한 번 물었습니다. 그 때에야 입술을 쭝긋쭝긋 하더니,

"응——열세 나서."

이상한 소리를 지르겠지요. 나는 다정하게

"너 학교에 다니니?"

말을 이어 물었습니다.

"응."

"몇 년급이냐?"

이 말에는 대답을 아니하고 히히 웃더니, 내 손을 뿌리치고 갑자기 큰 소리를 내서, '학도야 학도야 청년 학도야' 노래를 부르고 먼저 막 달아나더니 보이지 아니합니다.

내가 장차 가르칠 득영학교 학생으로 처음 만난 것이, 이 이상한 아이 칠성이었습니다. 나는 하도 우습기도 하고 이상해서, 이리저리 생각을 하면서 천천히 박 교감 집으로 내려가 저녁을 먹었습니다.

2

내려가서 알아보니까, 칠성이는 박 교감의 누이 되는 과부의 아들이라 합니다.

이튿날 아침에 밥을 먹는데, 지난 저녁에 나를 부르러 와서 만났던 칠성이가 방문 밖에서 나를 보고, 반가운 듯이 벌쭉벌쭉 웃으며 문지방을 손톱으로 뜯고 서 있더이다.

"칠성이냐, 밥 먹었니?"

나도 반가워서 말을 붙였으나, 아무 대답도 아니하고 그냥 웃기만 하더이다.

나는 이리저리 주의도 하고 말을 들어서, 하루 이틀 지내는 새에 칠성이의 사정을 대강 알게 되었습니다.

그 칠성이의 성은 정씨인데, 본시부터 좀 부족하게 태어났다 합니다. 말하자면 천치지요. 그 모친은 청춘에 그 남편을 잃고 본가로 돌아와서, 칠성이와 그 위로 열여섯 살 된 딸 하나와 두 아이를 데리고, 그 오라버니 박 교감을 의지하고 한 집에 같이 사는 것이었습니다.

박 교감도 처음에는 천치란 것을 감추고 있더니, 하루는 종내 그 생질이 천치인 것을 말하고, 가르쳐야 쓸데없어 단념을 하였다는 말을 들었습니다.

박 교감의 말을 들은즉, 그 매부되는 사람이 본래는 그 집이 읍내의 갑부로서, 열두 살에 혼인을 했는데, 그 때부터 몹시 잡기를 좋아해서 며칠씩 밤을 새워 가면서 투전을 하는 것이 보통이요, 그어머니는 마음이 약해서 번번이 돈을 당해 주는데, 그것을 그 부친이 알면 벼락같이 노해서 야단을 하기 때문에, 자기 누이는 출가한 후로 하루도 옷 벗고 편안히 잠을 자 본 일이 없었다고 합니다.

그러나 매부는 차차 술먹기를 배워서 나중에는 아주 큰 술꾼이 돼 버려서, 술을 잔뜩 먹고 들어와서는 돈 내라고 야단하여 무죄한 그 아내를 함부로 꼬집고 때리니, 그 누이는 청춘 시절은 장 눈물로 보낼 수밖에 없었다고 합니다. 나중에는 계집질까지 하고 돌아다니다가, 또 종내 아편침을 맞기 시작해서 아편 중독자가 되고, 주색의 여독으로 무서운 병이 들어서 고생을 하다가 죽었다고 합니다. 아버지도 술을 몹시 먹었는데, 젊어서 죽고, 칠성이의 아버지도 부친의 그 뒤를 그대로 따른 모양이외다.

박 교감에게 이런 말을 들은 뒤에 한 주일 지난 일요일날인데, 나는 갑갑해서 박 교감하고 이야기나 하려고 오후에, 저녁때는 아직 이르나, 슬금슬금 내려갔습니다. 박 교감은 없고 한 삼십 될락말락한 아직 젊은 부인이 안으로 향한 문을 열더니 밥상을 들고 들어오더이다. 나는 얼른 칠성이의 어머닌 줄 알았습니다.

나는 젊은 부인이 밥상을 가지고 들어오는 것이 황송하기도 하려니와, 수줍은 생각에 그 얼굴을 바로 보지는 못하였습니다. 그는 무슨 말을 할 듯 말 듯 하다가 머리를 숙이고 그냥 나가 버렸습니다.

내가 밥을 다 먹고 나니까, 칠성이의 어머니가 다시 들어오더니 이번에는 문 안에 앉더이다. 머리를 숙이고 한참이나 있더니 말을 꺼내더이다.

"선산님."

"네."

하고 나는 공손히 대답하였습니다. 부인은 그 아래를 이어,

"이렇게 말씀드리기는 어려워도……."

하고, 또 말을 그치더니, 조금 있다가,

"저것을 하나 믿고 사는데, 암만 일러도 하는 공부는 아니하고 장난만 합네다가레. 공부를 할래두 배와 주는 것을 암만 해도 깹드지를 못해요. 그래서 선산님들이 내종엔 화가 나서 내던지군 합네다가레. 저걸 어띠합네까."

부인은 옷고름으로 눈물을 씻으면서 말을 이어,

"선산님이 저걸 어떻게 좀 가라쳐서 사람을 맨들어 주시……."

말을 마치지 못하더이다. 나는 잠시 대답을 못하고 앉았다가,

"네——걱정 마십시오. 내 기어이 가르쳐 놓지요."

나는 대답할 수밖에 없었지요.

"기애가……."

하고 부인이 다시 말을 꺼냅니다.

"장난을 해도 별하게 해요. 무엇이든지 눈에 보이는 대로 깨뜨리고 찢고 뜯어 놓아요. 그래서 저의 외삼춘한테 늘 매를 맞군 합네다가레. 또 어떤 때는 무엇을 제법 만들어 놓아요. 한번은 칼을 가지고 무엇을 자꾸 깎더니 총을 맨들었는데 모양은 제법 되었어요. 또 한번은 무자위래는 것을 맨드누라고 눈만 뜨면 부슬부슬 애를 씁데다가레. 남들은 공부하는데 공부는 아니하고 장난만 하는 것이 너머 송화가 나서, 하루는 밤에 그것을 감초았디요. 그랬더니 아침에 그것을 찾다가 없으니까 밥도 안 먹고 자꾸 울어요. 그래서 하는 수 없이 도루 내주었디요. 그리구 또 별한 버릇이 있어요. 무엇이든지 네모난 함이나 곽이 있으면 그것은 한사하고 모아들였다가 방에 그득하게 쌓아 놓아요."

나는 이 말을 듣고 비로소 칠성이의 머리 뒷덜미가 쑥 나온 것을 생각하고, 평범한 아이가 아닌 줄을 알았습니다. 부인은 젊은 사나이 혼자 있는 데 들어와서 길게 이야기한 것이 부끄러운 생각이 났던지, 얼굴이 버얼개서 일어서 밥상을 들고 나가는데, 오래 갖은 고생을 겪은 흔적이 얼굴에 분명히 드러나 보이더이다. 그러나 귀 밑에 조금 나온 그 옷칠한 듯한 머리털이며, 그 맑은 눈과 붉은 입술은 오히려 청춘을 못 잊어하는 빛이 보이며, 처녀 때, 아씨 때에 동리 젊은이의 속을 태우던 한때는 부잣집 며느리였다는 모양이 넉넉히 드러나더이다.

3

나는 그 어머니가 눈물을 흘리면서 부탁하던 말을 들은 뒤에는, 특별히 힘을 써서 칠성이를 가르치려고 하였습니다. 내게 있는 온갖 지식을 쥐어짜고, 할 수 있는 데까지 시간을 바쳐서 살살 달래 가면서 가르쳤습니다.

나는 혼자 갑갑하기도 하려니와, 칠성이가 너무 불쌍해서 매일 산보할 적마다 늘 손목을 잡고 다니면서, 정다운 말로 이야기를 해 주고 한 번도 책망을 하지 아니하니까, 다른 사람은 다 무서워 흠칠흠칠 하건마는, 나만 보면 늘 싱글싱글 웃고 제 동무같이 알게 되었습니다. 그래서 내 말은 매우 잘 듣게 되었습니다.

그런데 한번은 내가 어디 갔다가 학교로 올라가서 내 방에 들어가니까, 칠성이가 내 방에 혼자 있더이다. 내가 오는 것을 보고 무엇을 얼른 얼른 감추더니 또 싱글싱글 웃더이다.

"너 무엇을 감추니? 나 좀 보자꾼."

웃으면서 이렇게 달랬습니다. 칠성이는 자리 밑에 감추었던 것을 꺼내면서,

"이거야, 누수필이야."

내게 만일 재산이 있다고 하면 오직 하나의 재산일 뿐 아니라, 내가 끔찍이 귀애하는 만년필──내가 동경 가서 대학 ××과를 졸업할 때에, 내 의동생 누이가 영원히 잊지 말자고 사 보낸 워터맨 만년필은 벌써 원형을 잃어버리고, 다시 소용 못되게 조각조각 해부를 하고, 동강동강 꺾어졌더이다.

나는 하도 기가 막혀서 입맛만 다시고 아무 말도 아니하였습니다. 속

으로는 몹시 분하고 성이 나는 것을 억지로 참았습니다.

그 다음 날 나는 웃으면서,

"너 누수필 왜 뜯어서 꺾었니?"

물었습니다.

"꺾어 볼라구, 물감이 왜 자꾸 나오나 볼라구."

이렇게 대답하고 이상스럽게 나를 쳐다보더이다. 그래 나는 할 수 없이 이렇게 말했습니다.

"이담에는 무엇이든지 나하고 같이 뜯어 보자. 너 혼자 하면 안 돼!"

나는 아무에게도 이 말을 하지 아니하였습니다.

그리고 오후에 아이들을 보내고 책을 좀 보다가, 동리로 내려가서 칠성이를 찾으니까 벌써 어디 나가고 없더이다. 혼자서 천천히 동리 밖으로 나갔습니다. 거기는 조그만 개울물이 흘러가는데, 늙은 버드나무가 하나 서 있습니다.

늦은 가을 석양이라, 하늘은 맑고 새소리 하나 아니 들리고 사방이 고요한데, 누가 고운 목소리로 창가를 부르는 소리가 들리더이다. 그 소리는 꼭 내가 열일곱 살 된 해 여름에 평양 사랑 고을이라는 데 갔을 때, 옆의 방에서 들리던 어떤 어린 여학생의 찬미 소리 같더이다. 그야말로 옥을 옥판에 굴리는 소리같이 맑고 고운 소리였습니다. 놀랐습니다. 그 소리의 주인이 칠성인 줄을 어찌 알았으리까. 칠성이의 목소리가 그렇게 좋은 줄은 몰랐습니다.

하늘빛, 석양볕, 맑은 개울, 늙은 버드나무, 거기에 천진스러운 소년, 꼭 그림이외다. 소년은 천사외다.

나는 가만가만히 수양버들 옆으로 가까이 가 보았나이다. 칠성이는 모래밭에 펄쩍 주저앉았는데, 마침 떼를 지어 날아가는 기러기를 바라보고 혼자서 흥이 나서 노래를 부르던 것이더이다. 내 눈에는 아무리

하여도 칠성이가 천치같이는 보이지 아니하더이다. 나는 속으로 너는 자연의 아이로구나, 네가 시인이로구나, 하고 한참 생각에 잠겼나이다.

나는 두 번째 놀란 일이 있습니다.

칠성이가 나를 보더니 벌떡 일어나면서,

"선산님!"

부르더이다.

나는 웬일인가 하고 칠성이의 옆으로, 무얼 하고 있니? 물으면서 갔습니다.

"젓지 않고 저 혼자 가는 배를 만들었는데, 가요! 가요!"

입을 벌리고 손뼉을 치면서 뛰놀더이다.

나는 가장 반갑고 기쁜 듯이, 실상은 한 호기심으로 무엇을 가지고 그러는지 보았습니다. 과연 칠성이의 옆에 장난감 같은 조그만 배가 놓여 있더이다. 나는 그 내용을 살펴보려고도 아니하고, 한 번 다시 실험해 보기를 청하였습니다.

칠성이는 자기 배를 가지고, 썩 잘 가는데! 하면서 물가로 가더이다. 돌아서서 잠깐 꾸물꾸물하더니 어느 새 물에 띄었는지 벌써 찌르르 하면서 달아나더이다.

나는 칠성이와 같이 손뼉을 치고 기뻐했습니다. 나중에 보니까 '젓지 않고 가는 배'의 장치는 양철과 고무줄과 쇠줄 같은 것으로 만든 모양인데, 보자고 하여도 보이지는 아니하더이다. 그래 억지로 보려고도 아니하고 내버려 두었습니다.

4

나는 불쌍한 칠성이를 위하여 힘도 많이 써 보고, 여러 가지로 연구

도 많이 해 보았으나, 별로 시원한 결과가 생기지 않고, 칠성이는 여전히 한 알 수 없는 아이였나이다.

그러나 칠성이의 모친은 때때로 나를 보고 아들을 위하여 부탁을 하고, 의복과 음식을 아주 집안 사람같이 친절히 해 주었습니다. 어머니의 말을 들은즉, 박 교감은 분명히 자기의 아들과 누이의 아들을 무엇이나 차별 있게 한다고 하고, 칠성이가 하루에 한 번씩은 으레히 매를 맞는다 합니다.

그럭저럭 하는 새에 겨울이 되고 눈이 오게 되었습니다. 나는 어떤 날 저녁에 책을 보기에 재미가 나서 시간이 좀 늦어서 박 교감 집으로 갔습니다. 갔더니 칠성이가 아침부터 없어졌다고 온 동리를 온통 찾아 보고 야단법석이 났습니다.

"아차!"

나는 놀랐습니다.

"선산님, 칠성이가 없어졌어요."

어머니의 호소를 듣고 나는 가슴이 뜨끔했습니다.

무엇으로 대갈빼기를 얻어맞은 것같이 골이 아팠습니다. 나는 박 교감집 머슴을 하나 데리고, 그 어머니와 같이 등불을 가지고 개울로 나가 보았습니다. 그 모친은 어쩔 줄을 모르고 울면서,

"칠성아! 칠성아!"

부르짖었습니다.

개울에는 아무리 찾아보아야 없더이다. 칠성이가 배를 띄우던 개울물은 여전히 말없이 흘러가지마는, 칠성이의 간 곳은 도무지 알 수 없었습니다. 나는 지난 가을에 칠성이가 모래 위에 앉아서 고운 목소리로 노래를 부르던 생각을 하고, 그 어머니가 칠성아! 칠성아! 아들 찾는 소

리가 학교 뒷산에 울리는 처량한 소리를 듣고, 눈물을 아니 흘리지 못했습니다. 나는 저녁도 못 먹고 밤에 잠도 못 자고 칠성이의 일을 곰곰 생각했습니다.

그 이튿날 오후에야 칠성이를 찾았습니다. 찾기는 찾았으나 말 못하고 차디찬 칠성이를 찾았습니다.

이튿날 새벽에 동리 사람이 평양으로 가다가 길가 버드나무 밑에 앉아서 죽은 시체를 발견했다고 합니다. 그것이 박 교감의 조카 칠성인 줄 알고, 도로 와서 알려 주어서 사람을 보내 시체를 찾아왔다고 합니다.

내가 학교에서 내려가니까, 칠성이의 어머니는 아들의 시체 위에 엎드려서 아무 정신을 못 차리고 흑흑 느끼기만 하다가, 이따금 하는 말은, 죽은 칠성이를 흔들면서,

"칠성아! 칠성아! 일어나 밥 먹어라."

그 어머니는 거의 미쳤더이다. 과연 못 볼 것은 외아들 잃어버린 과부의 설워함이더이다.

5

마지막에 내가 아니할 수 없는 것이 있습니다. 꼭 내가 자백하여야 될 일이 있습니다.

칠성이가 없어지기 전날에 학교에서 어떤 큰 학생의 시계가 없어졌습니다. 그래서 나는 학생을 하나씩 불러서 몸을 뒤져 보았습니다. 그 시계가 마침내 칠성이의 몸에서 나왔습니다. 시계는 벌써 다 결딴나 버렸더이다. 나는 칠성이의 버릇을 알면서도, 전에 내 만년필 버린 생각도 다시 나고, 내가 여지껏 애쓴 것이 허사로 돌아간 것이 너무도 분해서,

전후를 생각지 아니하고 채찍으로 함부로 때리기를 몹시 하였습니다. 칠성이가 죽은 이유입니다. 칠성이는 내가 죽인 셈입니다. 칠성은 남이 가진 시계에 욕심을 내어서 훔친 것은 아니외다. 똑딱똑딱 가는 것이 이상해서 깨뜨려 보려고 훔친 것인 줄 확실히 아나이다. 칠성에게는 네 것 내 것이 없나이다. 동무가 가진 시계나 길가에 있는 나뭇개비나 다름이 없었나이다. 그는 무엇이나 이상한 것이 있으면 끝까지 보고야 마는 열심을 가졌었나이다. 내 만년필을 꺾은 것도 그것이외다. 나는 그것을 방해하였나이다. 나뿐 아니라, 자기 주위에 있는 사람은 모두 칠성이의 하는 일을 방해하였습니다. 나도 그 사람 가운데 하나이었습니다. 그런 동네, 그런 세상을 칠성이는 떠났습니다.

그리고 칠성이는 평시에 늘 평양 간다는 말을 하였나이다. 한번은 혼자서 평양을 다녀왔다고 하더이다. 돈 한 푼 안 가지고 길도 모르고 평양을 간다고 가다가, 날이 저물어 그만 나무 아래서 돌을 베고 잤다는 말을 들었나이다. 이번에도 두 번째 평양을 가다가 추워서 가지 못하고 앉았다가 길가에서 얼어 죽은 것이더이다.

또 한 가지 말할 것은 자기 어머니의 의롱(옷농) 속에서 칠성이의 글씨를 발견한 것이외다.

'내 맘대루 깨뜨려 보고, 내 맘대루 맨들고, 그러카구 또 고운 꽉 많이 얻으라고 페양 간다.'

이런 말을 쓴 것을 나도 보았습니다.

칠성이가 찬바람 몹시 부는 겨울에 버드나무 밑에서 눈 위에 쪼그리고 앉아서, 두 손을 모으고 흐흐 불면서 바들바들 떨다가 죽은 것은, 오직 밤새도록 자지 않고 반짝이던 하늘의 별들이 내려다보았을 줄 아나이다.

가련한 칠성이는 지금 자기 하는 일을 방해하는 어머니도 없고, 자기를 때리는 외삼촌이나 훈장도 없고, 자기를 놀려먹는 동무도 없는 곳으로――저――구름 위로 별 위로 올라가서, 마음대로 하고 싶은 것 하고 편안히 있을까 하나이다.

　나는 다시 더 득영학교에 있기가 싫어서 겨우 사흘을 지내서, 칠성이의 묘를 한 번 찾아보고 봇짐을 꾸려 지고 정처없이 떠났나이다. 이제는 무슨 노릇을 해 먹을지 모르는 길을 떠났나이다.

운 명

1

오동준은 경성 감옥에 들어간 지 벌써 거의 석달이 되었다. 남들은 형이라 아우라 아버지라 아내라 그 가족들이 천 리를 멀다 하지 않고 찾아와서 식가 차입을 한다, 옷을 들인다, 면회를 한다 하는데, 들어온 지 석 달이 되도록 동준을 찾아오는 사람은 하나도 없었다. 무명옷 한 벌 들여 주는 사람이 없었다. 그 옷에는 흰 쌀알 같은 이가 들끓었다. 그가 바라기는 어떤 친구한테서 엽서 편지라도 받아 보았으면 하는 것이었다. 그러나 그의 바람은 헛되었다. 한 방의 옆엣사람에게는 편지도 오고 책도 들어오고 한복 옷과 내의도 한 달에 몇 번씩 들어오지마는, 동준에게는 올 듯 올 듯 하면서 종내 아무것도 들어오지 않았다.

동준은 매일 수수밥에 된장국으로 살아가고, 감방 안의 단내와 구린 내로 얼굴이 누우래지고 뚱뚱 부어 살이 찐 듯하여서 아주 몰라보게 되었다.

그러나 그에게는 이것이 그리 심한 고통은 아니었다. 하루 종일 우두커니 앉아서, 눈을 감고 끝없는 공상으로 시간을 보내는 것이 오직 하나의 방법이었다.

그 공상 가운데는 H와 더불어 결혼식을 하고 만주 지방으로, 시베리아로, 톨스토이가 농사짓고 지내던 야스나야폴야나까지 가 보리라는 계

획도 있었다. 그래서 어떤 친구만 들어오면 러시아말 배울 만한 책을 하나 얻어서 들여보내 달라고 하리라 생각했다.

몸과 마음이 몹시 괴로운 때에는 그는 마음껏 재미있는 공상을 하고 있었다.

——내가 언제든지 나가는 날이 있으리라. 나가면 그 때는 일본 동경 갔던 H가 나를 찾아보려고 돌아오리라. 아홉 시 몇 분 차가 있지, 차에서 내리거든 내가 몇 해 전에 동경서 처음 사랑하며 지낼 때처럼 막 끌어안고 키스를 하리라. 그러면 그는 너무 반갑기도 하려니와 옛 생각이 나서 울며 내 가슴에 얼굴을 파묻고 쓰러지리라. 그 때 나는 한 팔로 그 왼손을 쥐고 한 팔로 그 등을 쓸면서 뜨거운 눈물을 그의 부드러운 목덜미에 뚝뚝 떨어뜨리리라. 그리고 한참 있다가 인력거를 타고 어느 여관으로 들어가서 나는 전신과 몸이 피곤하여 나가넘어지리라. 그 때에 H는 얼른 내 옆에 와서 펄썩 주저앉고 내 머리를 들어서 자기의 무릎 위에다 올려놓으리라.

——나는 기운 없이 눈을 떠서 그의 얼굴을 슬쩍 쳐다보리라. 그 때에 두 볼이 발갛고 두 눈이 큼직한 얼굴에 근심 빛이 가득해서 나를 들여다보는 것이 내 눈에 띄리라. 그리고 나는 천천히 입을 열어 지난 얘기를 하리라. H는 이따금 이맛살을 찌푸리고 가만히 앉아서 들으리라. 나는 갑자기 일어나서 밖으로 나가기를 청하리라. H가,

"어려우신데 어디를 나가세요?"

그러면 나는,

"아니, 오래간만에 만났는데 같이 나가 봅시다그려."

하고 진고개를 나가서 서양 요릿집에 들어가리라.

이런 공상을 하고 앉았다가 간수가 누구를 부르는 소리에 깜짝 놀랐다. 삼십여 명 죄수의 주의와 시선은 일시에 한곳으로 모였다. 그런데

분명히 이천오백 얼마라고 부르는 것 같다. 부르기는 두 사람을 불렀는데 그 중 하나는 이천오백인 것이 확실하다.

'나를 부르지 않았나? 왜 불렀나?'

처음에는 반갑더니 금방,

'아이쿠, 또 왜 부르노?' 하는 생각에 그만 가슴이 두군거린다. 다시 부르면 들어 보리라고 간수를 자세히 보며 귀를 기울였다. 간수는 얼굴이 흑인종과 백인종의 반종인지 새까맣고 빼빼 말라서 광대뼈만 두드러지고 빳드락 뻗친 수염과 오똑한 코가 참 무섭게 생겼다. 머리는 희뜩희뜩 샌 것이 여러 해 동안을 간수 생활로 늙은 모양이다. 그는 늘 세상에 가장 장한 것은 관리요, 제일 귀중한 것은 법률이라 생각하고, 사람이 죄를 범하면 마땅히 벌을 받을 것이요, 감옥에 들어온 사람은 모두 죄인이라고 단정하는 사람이다. 그래서 그는 간수 노릇을 이십 년이나 하면서도 죄수의 실수를 한 번도 용서한 일이 없다.

이러한 간수장이 싱긋싱긋 웃으면서 한 손에는 칼을 붙들고 한 손에는 무슨 종잇조각을 가지고 그것을 힐끗힐끗 들여다보면서 다시 두 사람의 이름을 부르고 불기소가 되었으니 나갈 준비를 하라고 한다. 그런데 두 사람 중 하나는 번호가 자기와 거의 같다. 그러나 동준은 아니다.

그는 전부터 있는 신경통과 기침증이 일어나서 한참 동안이나 고통을 받았다. 기침을 한참 하고 난 뒤에는 앉은 두 무릎 위에 두 팔을 기역자로 꺾어서 뒤로 올려놓고 그 위에 얼굴을 숙여 얹은 채로 한참이나 정신을 못 차렸다. 한 십오 분이나 지난 뒤에야 겨우 머리를 들어 감방 안을 한 번 휘둘러보았다.

얼굴은 모두 폐결핵 제삼기가 된 사람처럼 누렇고, 입은 해쓱하게 벌리고, 눈은 아무 기운도 없이 멀겋게 뜨고, 나는 죽지 못해 산다는 듯이 앉아 있다. 저 많은 사람들이 모두 다 제각기 무슨 생각을 하고 있으리라, 각각 자기 생각이 제일 가치 있고 가장 긴요한 줄로 알고 자기의 문제가 가장 어려운 문제라고 생각하리라. 그리고 각자가 다 자기의 문제만 바로 해결되면 그만이라고 생각하리라. 또 제각기 제가 제일 심한 고통을 맛보는 줄로 알리라.──동준은 이런 생각을 하다가 이마를 찌푸리고 머리를 흔들면서 가늘고 힘있는 소리로, 그렇지만 저희들의 문제가 무엇이 그렇게 대수로울꼬? 저희들 가운데도 나만큼 애타는 사람이 있을까? 이렇게 중얼거리다가 목이 꺾어져 내려지는 것처럼 머리를 털썩 팔 위에 떨어뜨렸다.

두 사람이 불려나간 뒤에는 고요하던 감방 안의 공기가 조금씩 움직여 냄새가 나고 뜨뜻한 바람이 두어 번 일어났다. 동준은 그 바람이나마 좀더 불어오기를 바라면서 기다리고 앉았다. 차차 시원한 바람이 좀 불어올까 하고 요행을 바라면서 기다렸다.

그러나 그런 바람도 다시는 오지 아니하고 공기가 다 없어져 진공이 된 듯이 견딜 수 없이 답답하다. 동준은 말도 못하고 무슨 생각도 못하고 송장처럼 앉았다.

방바닥에서 단김이 물씬물씬 올라온다. 동준은 숨이 탁 막혀서 다시 머리를 기운없이 들었다.

재미있고 즐거운 공상을 해 가면서 스스로 위로를 받으려고 노력하는 동준은, 마치 수목과 잡초가 무성하여 험한 산에서 예쁜 나비를 따라가던 어린애가 갑자기 벼랑에 떨어져 헤매는 것처럼 이제 무슨 초조감과 고통에 들어가기를 시작했다.

동준은 머리를 젖히고 눈을 감았다. 무릎을 베고 쳐다보는 H의 얼굴, 큼직한 두 눈에서 뜨거운 사랑이 흐르던 얼굴을 다시 보려고 아까 하던 공상을 계속하기 위해서 많이 애를 썼지만 종내 실패하고 말았다. 동준의 머리에는 참을 수 없는 고통밖에 아무것도 없다.

한참 있다가 동준은 머리를 한 번 흔들고 전신에 무엇이 찔리는 듯이 몸이 흠칫 떨렸다.

——어떻게 되었다!

동준은 가만히 소리를 쳤다. 이것은 석 달 동안이나 생각하고 애를 쓰면서 웬일인가 웬일인가 하여 오던 커다란 의문의 해답으로 튀어나온 말이다.

동준은 다시 한 번 머리를 끄덕끄덕하면서,

"어떻게 되었다!"

하였다. 그는 다시 중얼거렸다.

"분명히 어떻게 되었다."

세 번째는 분명히를 넣어서 자기의 판단을 옳다고 단단히 긍정하였다.

"그럼 어떻게 되었나?"

그는 새로운 의문을 발견하였다. 이 의문의 해답은 얼른 얻었다.

"마음이 변하였지, 나를 잊어버렸지, 그리고……."

동준은 차마 그 다음에는 더 생각할 수가 없었다. 아무리 생각하지 않으려고 애를 써도 마음대로 안 되었다.

'다른 사람을 사랑한다.'

그는 입술을 깨물고 속으로 다시 말했다.

이 순간에 몹시 밉고, 무섭고, 그리고 더러운 H의 화상이 나타났다. 그것은 꼭 여성의 사탄이다. 사탄을 그리기에는 가장 적당한 모델이다. 그 화상은 어떻다고 형용할 수 없으나 손과 목에서 황금빛이 찬란한 것은 똑똑히 보였다. 그 얼굴은 몹시 예쁘기도 하면서 또한 흉악하게 미웠다.

"아! 사탄."

그는 소리를 질렀다. 그러나 그 화상은 더 똑똑해지면서 꼼짝도 아니하고 섰다. H는 아무 말도 없이 한참이나 자기를 빤히 쳐다보더니 생긋 웃고 손을 들어 번쩍번쩍하는 손가락을 본다.

동준은 안타까워서 어찌할 바를 몰랐다. 그래서 감은 눈을 다시 한 번 꼭 감았다. 그러나 보기 싫은 화상은 조금 흐려졌을 뿐이요, 없어지지는 않았다. 그냥 서서 자기를 바라보고 있다. 이번에는 희미하지만 분명히 어떤 사람과 같이 섰다.

그것은 꼭 남자인 듯싶었다.

"옳다, 다른 남자를 사랑한다!"

이렇게 소리치면서 무심중에 눈을 떴다. 그 앞에는 아무것도 없다. 맞은편에 널쪽으로 한 살창이 보일 뿐이다. 눈을 뜨는 동시에 한숨을 길게 내쉬었다. 몹시 흉한 꿈을 꾸다가 깬 것같이 시원하였다. 그리고 입을 조금 방긋하면서 머리를 흔들었다.

"아니다. 내가 잘못 생각했다. 의심하는 것은 가장 큰 죄다. 의심하여서는 안 되겠다."

이렇게 생각할 때에 또 일어나는 의문은 역시,

"그럼 어떻게 되었나?"

하는 것이다.

"옳다, 병이 났다, 대단한 병이 났다, 입원하였다. 아니, 퇴원하여서 고적한 방에 혼자 누워서 눈물을 흘리며 울고 있다. 그렇다! 그렇다! 분명히 그렇다. 벌써 생각을 왜 못했는고? 미스 H 용서하오. 내 죄를 용서하오. 내가 여태껏 당신을 의심하였소. 제발 용서하오."

이렇게 혼잣말로 중얼거리고 자기가 의심한 것을 H가 알면——병석에서 신음하는 애인이——그 마음이 어떠할까 하는 생각이 나서 동준은 새로운 고통을 느꼈다. 그 고통은 자기의 사랑이 불철저하고 약한 것을 느껴 스스로 부끄러운 생각이 났던 것이다.

어서 나가서 동경으로 가서 앓는 것을 봐 주어야겠다. 이제는 이것이

유일의 간절한 소원이요, 제일 급한 일이다. 동준이 이제 감옥에서 나가기만 하면 곧 동경을 향해 떠날 것이다. 나는 그래도 행복한 사람이다. 내가 지금은 비록 옥중에서 고생을 하지만 내게는 애인이 있다. 천하 사람을 다 제쳐 놓고 나만을 사랑하는 사람이 있다. 그의 사랑은 완전히 내 것이다. 그의 몸도 내 것이려니와 그의 영혼도 꼭 내 것이다. 아니, 그의 전 생명이 내 것이다. 그는 이렇게 생각하다가,

"아, 나는 과연 행복한 사람이다."

하고 중얼거렸다. 나는 한 생명을 가졌다. 한 사람의 생명을 진정으로 완전히 소유한 것은 전 세계를 소유한 것보다 훨씬 나을 것이다. 돈도 부럽지 않다. 명예도 부럽지 않다. 학문도 부럽지 않다. 세상에는 부러울 것이 아무것도 없다. 나는 가장 귀하고 가장 아름다운 것을 가졌다. 다른 사람들이 졸연히 가지지 못하는 것을, 저마다 가지기 어려운 것을 내가 가졌다. 그러니 내가 장한 사람이다.

이런 생각은 동준이 처음으로 H의 사랑을 받고 처음으로 자기를 사랑한다는 증거를 얻었을 때에 고마움에서 우러나온 것이다.

한 사람의 생명을 얻은 것은 전 세계를 얻은 것보다 낫다는 전무후무한 격언을 자기의 경험으로 얻은 것처럼 말할 기회도 아닌 것을 K라는 친구에게 말한 일이 있었다. 동준은 그 생각이 나서 씩 웃었다.

동준은 오 년 전 일을 회상하였다.

2

동준이 M대학 법과를 졸업하고, 본국에 가야 별로 할 일도 없이 실업자 노릇을 하면서 남에게 웃음을 사는 것보다, 아무런 공부라도 더 하리라고 생각하였다.

동준은 부모가 있기는 있으나 없는 거나 다름없었다. 동준 성이 참말 오씨인지 동준 자신도 알지 못하였다. 그래서 그는 그 부모를 참부모로 알지 아니한다. 알 수가 없었다.

동준은 어려서 아내가 있었다. 그러나 그것은 참말 아내가 아니라 처라고 하는 노예이다. 왜냐하면 동준은 아직 양성을 가릴 만한 지각도 나기 전에, 물론 결혼의 가장 큰 목적이요 요소인——적어도 지금 동준이 주장하는 성욕을 알지 못할 때에, 다시 말하면 생식 기능이 아직 발달되지 못하였을 때에 이성에 대한 애정이 생기기 전에, 보지도 못하고 듣지도 못한 처녀 아이를 하나 미래의 동준의 아내라는 이름으로 돈 삼십 원을 주고 사 왔던 것이다. 그래서 그런 결혼 안한다고 굳이 우겼지만 할 수가 없었다. 그런즉 동준은 아내가 있어도 없는 거나 다름이 없었다.

이리하여 동준은 집이 없는 사람이다. 동경 온 지 팔 년이나 되었지만 한 번도 편지가 오고가는 일이 없었고, 집이라고 가 본 일도 없었다. 그래서 칠팔 년 동안이나 객지에 나와서 고생을 갖가지 하면서 공부하여 졸업을 하였지만, 그를 위하여 기뻐해 줄 사람이 없었다. 그러니까 동준은 졸업을 했어도 별로 기쁜 마음도 없고, 고국에 돌아가고 싶은 생각도 없었다.

M대학 졸업증서를 받아 가지고 돌아온 저녁에 하숙집 이층방에서 혼자 밤새도록 울었다. 그는 울면서 생각하였다.

'나를 위하여 기뻐할 자는 나요, 나를 위하여 슬퍼할 자도 나다! 나다, 나밖에 없다. 나는 나를 위하여 살아야겠다.'

제 손으로 눈물을 씻고 앞으로 할 일을 생각했다.

이리하여 동준은 극단의 개인주의자가 되었다. 동준은 아무도 돌아볼 사람이 없는 제 몸을 위하여 부지런히 공부하였다. 그는 독학으로 영어를 공부하여, 당시 유학생계에 한 사람도 영어 하는 사람이 없는 가운데서 웬만한 원서도 보게 되고 회화도 하게 되었다. 그는 별로 통정할 만한 친구도 없었다. 집에 있을 때에도 혼자 있었고 산보를 해도 늘 혼자 했다.

그러다가 동준은 우연히 H를 만났다. 처음 만난 것은 분명히 오 년 전 사월 십오일 저녁이었다.

세 번째 만난 날이다. 동준이 열심히 영어를 설명하는데, H는 설명하는 말은 듣지 않고 동준의 얼굴만 쳐다보다가,

"선생님! 저는 일평생 선생님을 섬기겠어요."
하였다. 동준은 눈이 둥그레져서,

"왜요?"

H는 두 뺨이 새빨개졌다. 그 눈에는 애원하는 듯한 빛이 보였다. 그리고 대답할 바를 몰라서 쩔쩔맸다.

"영어가 퍽 어렵다는데요!"

이것은 한참 있다가 겨우 나온 말이다. 그리고는 머리를 수그리고 책만 들여다보았다. 동준은 설명을 그치고 H의 머리와 한편 뺨과 방바닥에 닿은 한쪽 손을 번갈아 무의식적으로 쳐다보고 있었다.

H의 머리는 가운데로 갈라서 뒤로 쪽을 찌듯 했는데 이마에 늘어진 두어 오라기 머리카락이 눈을 가리는 것을 H는 연해 치켜올리고 있었다. 주근깨가 드문드문 있는 뺨은 거무튀튀한 붉은 빛이 도는 것이 몹시 예뻤다. 길고도 가늘고 살이 포동포동한 손가락은 투명해서 꿰보일 듯한데 장손가락을 움짓움짓 하고 있었다.

동준은 자기의 대답이 너무 무미하고 무례하게 된 것을 후회하였다. 그리고 몹시 미안하게 생각하였다.

"어렵기는 어렵지만 부지런히 하시면 되지요. 저는 지금 좀 아는 것

이 혼자 배운것인데요, 선생 없이도 할 수 있었어요."

이렇게 말하여 놓고는 처음에 한 말 대답까지 되었을까 생각하였다. 되긴 되었지만 또 싱겁게 되었군, 속으로 생각하고 부끄러워하였다.

동준은 설명하던 것을 마저 마쳤다. 그리고 가려고 일어섰다. H는 깜짝 놀란 듯이,

"왜 가셔요?"

하고 동준을 쳐다보았다.

"조금만 더 앉았다가 가셔요."

"가야지요."

"앉아 말씀이나 하다 가시지요."

동준은 겨우 한 삼십 분 앉았다가 돌아왔다. 이 때 알기 어려운 H의 나이도 알았다. 더 알기 어려운 H의 마음도 대강 짐작하였다.

이튿날 동준은 또 갔다.

비가 부슬부슬 오고 사방이 고요하였다. 동준은 그 동안 자기가 공부한 이야기를 했다. 남의 도움으로 공부하면서 온갖 고생을 맛본 얘기며, 한때는 사상 문제·인생 문제로 몹시 고민한 이야기며, 자기는 집이 없다는 말도 하고, 소년 시대의 단편적 기억을 얘기하다가 그의 어조는 차차 감상적이 되어 가다가 그는 갑자기 말을 그치고 두 사람은 잠시 동안 깊은 침묵에 잠겼다. 그 때 다다미(일본식 방에 까는 두툼한 깔개) 위에 극히 적은 것이 떨어지는 둔한 소리가 들렸다.

그것은 동준의 말을 듣다가 감격해서 떨어지는 H의 눈물이었다.

'선생님은 혹 생각 못하셨는지 모르지만 그 때부터 저는 선생님을 사랑하기 시작했습니다. 용서하십시오.'

이런 구절이 그 후에 받은 편지 가운데 있었다.

이리하여 동준은 H라는 애인을 얻었다. H는 동준의 것이 되고 동준

은 H의 것이 되었다.

그 다음 해 여름에 오구보의 어떤 집에서 한 달 동안 같이 있던 생각도 하였다. 그리고 한번은 저녁에 H와 그 친구 M이 같이 있을 때 찾아갔다. 동준이 몹시 충격을 받아서 달아날 때에 H가 따라나와서 오구보 들판 풀밭에 엎드려 동준을 쓸어안고 흑흑 느끼면서 울었다. 동준은 그것을 뿌리치고 가다가 우두커니 서서 기다렸다. H는 또 따라왔다. 두 사람은 컴컴한 수림 속에서 만났다. 두 사람의 그림자가 합하여 한참이나 하나가 되어 있었다. H와 자기의 심장 뛰는 소리만 심하게 들렸다.

3

먼 데서부터 구두 소리가 뚜벅뚜벅 났다가 멎고 덜컹덜컹 옥문 여는 소리가 들렸다. 동준의 머리에 거침없이 나타나는 필름은 끊어지고 깜깜하여졌다. 네 사람이 간수 뒤를 따라나갔다. 면회하러 나가는 모양이었다.

석양이 되었다. 그러나 찌는 듯한 더위는 조금도 가시지 않고 도리어 더 덥다. 하루 종일 삶아 놓은 공기가 음울하고 게다가 날이 음침해서 안타까워 견딜 수 없게 묽었다.

오늘 하루 해가 다 갔지만 동준을 면회하러 오는 사람은 하나도 없다. 그러나 동준은 그것을 별로 슬프게도 생각지 않고 그다지 원통하게 여기지도 않는다. 옥중의 하루에서 그 시간이 몹시 길기도 하려니와 하루 종일 우두커니 앉아서 더위와 곤고와 싸워 가면서 지내는 것이 과연 어렵지 아니하다고 할 수 없다. 어렵기는 꽤 어렵다. 그리고 간수의 구속과 수모도 어지간히 고통이 되어 견디기 어렵지만, 그것들은 다 동준의 진실한 생명에 저촉되는 것이 아니다. 문제는 'H가 어떻게 되었다?'

하는 것이다. 이것이 동준의 마음을 제일 괴롭게 하는 것이다. CK 목사가 면회하러 갔다가 들어오는 것을 보고, 동준이 차라리 면회하러 오는 가족이 없는 자기를 다행으로 생각했다. CK 목사는 서북 지방에 이름난 목사인데, 역시 이번에 만세 사건으로 들어와서 자기와 한방 한자리에 앉게 된 사람이다. 면회하러 나갈 때에는 기쁜 빛이 얼굴에 가득하였는데 들어올 때는 눈이 벌개졌다. 동준은 못 본 체하고 물어보았다.

"누가 오셨나요?"

"······."

"부인께서 오셨던가요?"

"네에."

얼굴을 돌리면서 대답한다.

"댁에서는 다 안녕하시대요?"

목사는 손수건으로 눈물을 닦으면서 대답을 못한다.

"왜 그러십니까? 무슨 일이 있어요?"

"아닙니다. 별일이 있는 것이 아닙니다. 내 아내가 어린것을 데리고 왔는데 아버지 아버지 하면서 손을 내미는 것을 보고 마음이 좋지 않아서 두 사람이 다 말을 못하고 멍하니 섰다가 들어왔습니다. 그런데, 아내가 몹시 상해서 말이 아니어요."

"아마 밖에서 심로를 하시고 고생을 하셔서 그런가 봅니다그려!"

"글쎄요."

"어린애가 몇 살입니까?"

"이제 세 살입니다."

"세 살 난 것이······."

두 사람의 대화는 이만하고 끝났다. 동준은 눈물을 흘리는 목사를 비웃었다. 그리고 속으로 우습게 생각하였다. 자기도 나이 많아지면 저럴

까 하고 생각해 보았다.

동준은 전부터 H에게 말한 것이 있었다. 사람이 결혼을 해 가지고 집을 마련하고 궤짝을 사고 사발을 사고 밥을 해 먹고 잠자고 아이 낳고 그 모양으로 소위 산다는 것을 자기는 절대로 못하겠노라고 하였다. 동준은 가정이라는 것을 몹시 싫어하였다. 자유로 떠돌아다니고 마음대로 살지 못하는 것이 그에게는 제일 고통이다. 그래서 그는 결혼하기를 싫어했다. 결혼하지 않고 그냥 사랑하기를 바랐다. 사랑이라는 것은 신성한 것이지만 결혼은 인공적이요, 허위적이라고 그는 생각했다.

지난 여름에 동경서 같이 나오면서 H가,

"결혼합시다."

할 때 동준은 웃으면서,

"결혼은 해서 무얼합니까? 꼭 결혼을 해야 되겠소? 태곳적에는 결혼이라는 것이 없이도 잘만 지냈다오."

"그럼 결혼하지 않고 언제든지 그냥 이렇게 지내잔 말이죠? 그러면 저도 좋겠어요."

H는 장한 듯이 이렇게 말하였다. 그러나 동준을 의심하면서 한 말이다.

"그렇지만 어떻게요!"

"무얼 어떻게 한단 말이오? 베이비가 생기면 말이지요? 유모를 주거나 어떻게 기르거나 그게 무슨 걱정이지요?"

"아니."

H는 씩 웃었다.

"아니는 무슨 아니, 좋은 수가 있으니 피임법을 연구합시다."

"피임법은 왜 연구해요?"

"압니까? 어디서 들었소? 피임법이란 말을?"

"그걸 몰라요!"

"경험이 있는가 봅니다그려!"

"아이구, 망측해라."

"사실 그것이 문제외다."

이런 말을 한 일이 었었다.

동준은 또 우두커니 앉았다가 한 가지 계교를 생각하였다. 손수건 좌우 끝을 젓가락으로 말아서 부채 대신 부쳐 보았다. 옆에 있던 K 목사도 그대로 하였다.

감방에 있는 사람들이 모두 부슬부슬 만든다.

4

동준은 감옥에 들어간 지 꼭 백일 만에 명천지에 나와서 시원한 공기를 마시게 되었다.

밤 아홉 시에 감옥문 밖에 나왔다. 이 때에 같이 나온 사람이 댓 사람 되기 때문에 마중 나온 사람이 옥문 밖에서 수십 명이 와서 기다리고 있었다. 동준은 좋기는 좋지만 얼떨떨해서 한참이나 어릿어릿하였다.

'나를 위하여 온 사람은 없겠지.'

동준은 그 사람들을 보지도 않고 가려고 하는데,

"미스터 오"

하고 등을 툭 치는 이가 있었다. 그는 동준이 나오기 한 이 주일 전부터 차입을 부쳐 준 친구 Y였다. Y는 작년 H로부터 약혼을 결정할 때에 동준이 이미 이혼한 것을 증명하고 두 사람을 위해서 끝까지 노력하였다. Y와 하루 저녁을 지내고 이튿날 새벽에 종로 청년회 위층으로 갔다.

동준은 자기가 쓰던 테이블의 서랍을 열고 뒤적뒤적하여 보았다. 아무리 찾아봐야 H의 편지는 없었다. 동경 있는 K한테도 칠월 초순에 나가 겠다는 편지와 평양 있는 O라는 친구한테서 결혼한다는 엽서와 청첩장 이 와 있고, 그 외에 엽서 몇 장이 있을 뿐이다. 그것은 보지도 않았다.

다시 한 번 찾아보다가 겨우 H의 엽서 한 장을 발견했다. 그것은 주 소를 옮겼다는 간단한 사연이었다. 일부인을 보고 자기가 감옥에 들어 간 다음 날쯤 온 것인 줄을 알았다.

그는 답답해서 견딜 수가 없었다. 전에 받아 본 묵은 편지를 가방 속 에서 꺼냈다. 아무것이나 하나 집어서 읽어 보았다.

——사랑하는 낭군에게 받들어 올리나이다. 이 사이도 여행 중에 몸이나 건강하시오니까? 무슨 병이나 아니 나셨는지요. 너무 오래 소식 없사오니 궁금하고 답답하기 그지없사옵니다. 불초한 소처는 괴로운 시간을 헛되이 보내고 있사오나 하념하시는 덕택으로 몸이 무고하와 아직까지 모진 목숨을 여전히 보존하여 가오니 염려 마시 옵소서. 웬일인가요? 편지 주신 지 벌써 달포가 넘으려 하옵니다. 아무리 공부에 바쁘신들 어찌 엽서 한 장 쓰실 틈이 없사오리까? 웬일이신가요? 이제는 저를 버리시는가요? 저 같은 것은 선생님의 배우자가 될 만한 자격이 없다고 버리시렵니까? 저는 벌써 한 주일 동안이나 잠을 못 잤습니다.어젯밤에는 꿈자리가 하도 사나워서 너 무 답답하기에 학교도 그만두고 M형님하고 같이 점치는 사람을 찾 아갔습니다.

당신의 안부도 물어보고 우리의 장래도 물어보았습니다. 우습기 도 하고 부끄럽기도 하옵니다. 자세한 이야기는 만나 뵙고 말씀드 리겠습니다. 저를 살리시려거든 속히 편지하여 주시옵소서. 저를 죽이시려거든 그만두시옵소서. 졸업하실 날도 가깝고 뵙고 싶은 생

각도 간절하와 일간 그 곳으로 가려고 하옵니다. 만일 내일도 소식
이 없으면 괴로운 몸을 끌면서 계신 곳을 찾아가겠습니다. 저는 죽
어도 당신 곁에서 죽겠습니다. 어쩌면 저를 못 보실지도 모르겠습
니다. 신열은 거의 사십 도까지 되었습니다. M형님은 저를 붙들고
울고 있습니다. 이것이 마지막 편진지도 모르겠습니다.

　손이 떨려서 더 쓸 수가 없습니다. 눈물이 떨어져 종이를 적시나
이다. 부디부디 천금 옥체 보전하시며 내내 건강하시기를 하나님께
간절히 기도드리나이다.

삼월 십일 소처 H 올림

동준은 이 편지를 끝까지 보고 방금 받은 것처럼 마음이 몹시 감격되
었다. 보던 편지는 테이블 위에 가만히 놓고 유리창 열린 데로 남산의
아침 구름을 바라보며 우두커니 섰다.

어떻게 하나 죄송, 보응, 거짓, 꿈, 돈, 곰, 사람, 여인, 운명, 사탄,
원수, 동준의 머릿속에는 이런 것들이 뒤섞여서 왔다갔다 하였다.

"H는 죽었다."

이렇게 중얼거렸다.

"죽은 H라도 가 보아야겠다."

일본으로 떠날 것을 결심하였다. Y한테서도 H의 소식을 몰랐다. 어
쨌든 일본으로 가기로 작정하고 YMCA 층층대를 내려왔다.

5

동준은 거의 일년 만에 동경역에 내렸다. 그새도 많이 변한 것 같았
다. 십 년이나 살고 갔지만 겨우 일 년 떠나 있다가 다시 오는데도 벌써

촌사람이 된 듯싶었다.

전차에 탄 사람들이 모두 자기만 주목해 보는 것 같아서 부끄러웠다. H의 주소를 알기만 하면 곧장 그리고 찾아갈 것이지만 동준은 친구 K와 같이 들어갔다. "옮겼다는 주소로 찾아가려고 했지만 H가 만일 없으면 어떡할래요? 어서 나하고 갑시다." 하고 강력하게 권하는데 못 이겨 K가 묵고 있는 하숙에 들어갔다.

동준은 그간 여러 달을 감옥에서 고생한 관계로 몸이 몹시 약해진데다가 사흘이나 잘 자지도 못하고 긴 여행을 했기 때문에 너무 피곤해서 당일은 H를 찾아볼 기운도 없이 일찍 자고 말았다.

사흘 후 동준은 평양 있는 C에게 이런 편지를 하게 됐다.

——사랑하는 C형에게

먼젓번에 드린 글은 보셨을 듯하외다. 요새는 일 보시기에 얼마나 고생하십니까? 아우는 삼 일 전에 이 곳에 와서 K군에게 괴로움을 끼치고 있나이다. 이번에 온 것은 H를 만나려고 함이외다. 감옥에서 나와 즉시 H의 소식을 알 만한 사람에게 물었으나 종래 알 수 없었나이다. 동경 있다는 것 외에는. 마침 K군과 동행이 되어서 이 곳을 왔습니다. 같은 시내에 있으면서도 그 주소를 알 수 없었나이다. 종내 찾지 못하였나이다. 나는 견딜 수 없어 나중에는 경찰서까지 알아보았습니다. 그러다가 사흘 만에 알았나이다.

이것은 사실이외다. H는 그 사이 어떤 경상도 사람을 만나서 동거하더이다. 그뿐 아니라 수태한 지 오 개월이나 된 것을 알았나이다.

알 수 없는 것은 세상 일이요, 믿을 수없는 것은 사람 마음이외다.

C형이여, 나는 과연 꿈을 너무 오래 꾸었나이다. 나는 내일로 곧 돌아가서 전과 같이 춘원군이 말하는 곰이 되겠나이다. 부지런히

내가 보던 사무에 충실하겠나이다. 삼층 꼭대기 지붕 밑 내 방에
돌아가서 그럴 것이외다. 서울 가서 다시 글을 올리려 하나이다.

동경 A정에서 동준 올림

——두 번째 부친 편지

형이 주신 글은 고맙다고밖에 더 할 말이 없소이다. 졸지에 그런
편지를 보고 놀라셨지요? 놀라게 하려고 한 것이 아니고 그것이 참
말이었소. 그러면 더 점점 놀랄는지 모르지만 거기서부터는 내가
알 바가 아니오, 암만이라도 놀라시오.

셰익스피어는 'Frailty ! the name is woman.'이라고 부르짖
었지만, 나는 'Infidelity ! the name is woman'이라고 부르오.

아! 형의 경우도 일경의 가치가 있소이다. 여인에게는 심장이 둘
이 없습니다. 여인은 언제부터 모르몬교를 순봉하게 되었는지요?
나를 지배하는 운명도 고약한 운명이려니와 나도 꽤 못난이었소.
이런 안타까운 괴로움과 아픈 경험을 하지 않고도 여인을 알려면
너무 많으리만큼 책이 있지 아니하오. 또 세상에 산 책이 매일 얼
마든지 출판되지 않습니까. 신문의 삼면 기사도 그 일부이지요. 그
런 것을 으레 좌우전후로 여인을 사귀어 보고 비로소 안다고야 어
찌 신경이 둔하고 머리가 나쁘고 감촉이 뜬 놈이 아니겠습니까.

하나님이 잘못하신 것이 꼭 하나 있습니다.

여인이 아니면 인류의 생식이 되지 못하게 하신 것 말이지요.

이제 누구든지 위대한 화학자가 나와서 사람 제조 기계를 발명하
였으면, 그렇지 않으면 용한 생물학자가 나서 다른 방법으로 생식
을 하게 하였으면 그러면 여인은 아주 쓸모없는 존재가 될 것입니

다. 언제나 그런 시대가 올는지요? 대해의 물도 한 방울로 그 짠맛을 알 수 있지 않아요? 여인 하나로 능히 저들의 전체를 알 수 있어요? 그야 개중에는 춘향이같이 정조가 곧은 열부도 있기야 있겠지만 기막힌 행운아가 아니면 일생에 한 번도 만날 수 없는 어려운 일이겠지요. 대체 우리 사람이 그런 것을 가지고 이러고저러고 하는 것이 뭣하기는 합니다만 학자들은 아무것이나 연구하니까, 심지어 풀이라, 벌레라, 박테리아, 아메바 같은 것이라도 연구하니까 형과 내가 편지로 저들의 말을 하는 것 또한 학자로서는 할 만한 일이겠지요.

여인을 하나 얻어 주시겠어요? 형도 꽤 농담을 좋아하는 사람이구려. 생애에 한 번이면 그만이지요. 제발 그만두셔요! 더구나 내게는 여인은 절대 불필요해요. 나는 지금 받는 월급으로 의복, 음식을 넉넉히 살 수 있소. 거처는 나 일보는 집 사층, 그만하면 사람의 생활은 다 되었지요. 여인이 필요하다면 그것은 때때로 안고 자는 것이겠지요. 무얼 그따위를 안고 자지 않아도 암만이라도 살 수 있어요. 백 년 내지 이백 년이라도 참을 수가 있어요. 오직 한 가지 여인이 필요되는 것은, 하나님이 여인이 아니면 생식을 할 수 없게 잘못 만들어 놓으셨으니, 그저 생식이나 하기 위하여 생식하는 기구로 쓰게 된다고 할 수 있으나, 그러나 나 같은 사람은 자식을 낳아도 양육비가 없으니 거기에도 틀렸소, 그러면 여인은 아주 쓸데없소.

그러나 그도 형이니까 그렇지. 어쨌든 고맙소이다. 세상놈들은 나의 시련을 보고 "망할 놈, 온갖 간교한 수단을 다 쓰고 눈짓을 해서 남의 딸을 훔쳐 가더니 종내 실패를 했구만, 네 보아라." 할 터에, 형인 까닭에 여인을 얻어 주겠다는 것이지요. 좌우간 고맙긴

하지만 제발 그만두어 주시오. 싫어요. 백 년 만에 한 번밖에 나오지 아니하는 처녀가 나같이 몹쓸 운명아에게 차지가 되겠습니까. 나는 당초에 바라지도 않습니다.

여보, 사람같이 못생긴 것은 없을 거요. 그만하면 넉넉할 것을 그래도 또 생각할 때도 있으니, 그것은 내가 못난 탓인지도 모르겠소.

이제는 정말 그만둡시다. 말하기도 싫소이다.

때때로 글월이나 주시오. 우리끼리야 멀리 지낼 것 무어 있소.

부디 안녕히 계십시오.

고통으로 침묵한 서울 한모퉁이에서

9월 25일 아우 동준 드림

6

동준은 동경에 다녀온 지 일 개월 만에 H에게서 긴 사연으로 쓴 자백의 편지를 받았다.

상략

선생님은 저를 마음껏 저주하셔요. 여자를 끝까지 저주하셔요. 사실 저주할 물건이로소이다. 마음의 괴로움이야 얼마나 하셨사오리까만 죽은 사람의 소리로 알고 부디 저의 자백을 한번 들어 주셔요. 제가 지난봄에 선생님을 H역에서 작별하고 들어와서는 죽 일 주일 동안은 잠을 자지 못하였습니다. 저는 잠시도 당신을 떠나서는 살 수가 없었나이다. 등불 앞의 부나비였나이다. 전에는 그렇게까지 당신을 떠나기 싫은 생각이었지요. 부끄러운 말입니다만 그 때 제게는 성의 욕망이 힘있게 깨어서 그런지 혼자서는 도저히 견딜 수 없는 적막과 슬픔과 괴로움을 깊이깊이 맛보기 시작하였습니다. 밤마다 공연히 울었나이다. 당신이 전에 결혼하지 아니하겠다고 하신 말을 사실로 원망하고 의심하였나이다. 약혼이 되기는 했으나 그것은 당신의 본심이 아닌 것이 아닌가까지 생각하였나이다. 대체 웬일인지 알 수 없으나 저는 갑자기 높은 벼랑에서 깊은 골짜기로 떨어진 것처럼 마음이 어둡고 약해졌나이다. 처음에는 저도 혼자서 몹시 부끄럽고 괴로워하였나이다. 그래서 울면서 하나님께 전과 같은 사람이 되게 해 달라고 간절히 기도하였나이다. 하나님도 벌써 저 같은 계집은 돌보지 아니하시기로 작정을 하셨는지 저는 종내 두 마음을 지닌 사람이 되고 말았습니다.

지난봄에 작별할 때에 저는 벌써 정신병자같이 되고 히스테리가 된 것을 몹시 염려하시고 여러 가지로 위로도 하시고 훈계도 하시면서 애 많이 쓰신 생각이 나실 줄 압니다. 그 후에 얼마 지나서는 당신과 영원히 헤어져야겠다는 생각이 때때로 났었습니다. 그것이 대체 어찌 된 일인지 저 자신도 알 수 없고 도대체 사람은 모를 노릇이외다. 당신과 저 사이에 어디 그럴 까닭이 털끝만큼이나 있었습니까? 참말 생각할수록 이상해서 견딜 수가 없었지요. 어쨌든 저는 점점 더 신경질이 늘고 비관하게 되고 점점 감정적 존재가 되고, 결국 마음이 답답해져서 사회의 도덕이나 세상의 습관 같은 것을 아주 잊어버리게까지 되었습니다.

그리고 한 면으로는 참을 수 없는 고독과 숨막히는 비애와 고통을 느꼈습니다. 그러니까 저는 어떻게 시간을 보낼까, 어떻게 해서 하루 해를 지낼까, 그보다도 어떻게 해서 하룻밤을 보낼까 함이 가장 어려운 일이요, 커다란 고통이었습니다. 그래서 저는 시간이라는 것이 몹시 무서웠나이다.

이 때에 오직 한 가지 제게 도움이 된 것은 A와 더불어 이야기하고 먹고 산보함이었나이다. A는 저와 같이 음악학교 다닌 줄은 아실 듯하외다. 매우 쾌활하고 너글너글해서 말도 잘하였나이다. 그는 밤마다 저를 찾아와서 웃고 이야기하다가 돌아가곤 하였나이다. 때때로 양식집에도 갔나이다. 제가 오기를 청하였나이다. 어물어물해서 시간을 보내기만 위주였으니까요.

그러니까 자연 당신께 편지할 정신도 없었지요. 한번은 제가 우연히 독감을 앓아서 사흘이나 열이 오른 채로 내리지 아니하여 아무런 정신도 차리지 못하고 있었나이다. 이 때 A는 매일같이 찾아와서 극진히 간호를 해 주셨나이다. 그가 제 육체에 접하기 시작한 것은 제가 처음에 신열이 몹시 올랐을 때 제 손을 쥐고 맥박을 짚어 본 것이외다. 그리고 머리도 만져 주었나이다. 그는 밤을 새우며 불덩이 같은 제 머리에 찬물로 수건찜을 해 주었나이다. 저는 아무리 남에게 허락한 몸이요, 이미 약혼한 사람이라도 그의 간호를 거절할 수 없었나이다. 첫째는 제가 너무 괴로워서, 둘째는 너무 고마워서…….

실상 거절할 정신도 없었나이다.

나흘 만에야 제 병이 쾌차하였나이다. 그것은 꼭 A의 은공과 사랑으로…….

그런데 나흘째 되던 날이외다. 그가 오후에 와서 이야기하다가 머리가 몹시 아프다고 하기에 좀 눕게 하였습니다. 석양에는 신열이 많이 나서 아무것도 먹지 못하고 앓았습니다. 저는 제가 받은 품삯으로라도 간호해 주지 않을 수 없었나이다. 더구나 그의 병이 나를 간호해 주다가 내 병이 전염되고 또한 너무 여러 날을 피곤하게 지내서 난 병이니, 목석이나 미물이 아니면 정성으로 간호해 주지 않을 수 있습니까. 과연 저도 정성껏 간호해 주었나이다. 밤에는 열이 사십 도가 넘어 정신을 못 차리고 앓는 것을 어떻게 그의 숙소로 가라고 할 수가 있어요, 차마 보낼 수 없었나이다. 그런 가운데 사랑이 생기고, 따라서 세상에 낯을 들지 못할 몸이 되었습니다. 어찌 하오리까.

　하략

　　　　　　　　　　　　　　　동경에서 죄인 H 드림

소

꼬꼬오오.

둥그스름한 달이 뒷동산 중허리에 고요히 떠 있고, 해는 아직 뜨지 아니하였는데, 수탉이 제가 먼저 깨어 일어났다는 듯이 주둥이를 힘껏 벌리고 큰 소리를 친다.

꼬댁 꼬대액 꼬댁 꼬대액.

금방 알을 낳고 둥지에서 내려오는 암탉이 화답을 하는 듯이 야단이다.

꼬댁 꼬댁 꼬댁.

'내가 금방 알을 낳았다누.'

하는 듯이 암탉이 또 큰 소리를 친다.

꼬댁 꼬댁.

얼룩 수탉이 얼른 따라와서 알을 제가 낳기나 한 듯이 또 한 번 소리 친다.

몸뚱이가 뚱뚱하고 곱슬곱슬한 머리카락이 늘어진 것을 거두어 올릴 새도 없이 컴컴한 부엌에서 골몰하게 보리방아를 찧던 마누라는, 어느새 손과 이마에 등겨를 묻힌 채로 앞서서 거추장스럽다는 듯이 강아지를 걷어차면서 달려와서 닭의 둥지를 들여다보고 입이 잔뜩 벌어진다.

"아이쿠, 알이 크기도 하다. 내 딸 기특하지."

뚱뚱 마누라는 암탉을 어루만질 듯이 이렇게 중얼거리면서 알을 집어

가지고 삐걱 소리를 요란스럽게 내면서 광문을 열고, 맨 뒤 모퉁이에 있는 동이에 소중한 듯이 집어넣는다. 알 항아리를 한 번 들여다보고 그 옆의 다른 항아리에서 보리 한 줌을 집어 가지고 나와서 광문 앞에 쭈루루 뿌려 준다. 암탉 수탉은 맛있는 듯이 서로 돌아가면서 쪼아 먹는다.

뚱뚱 마누라는 다시 가서 방아를 찧으려고 하다가, 강아지가 절구 술에 묻은 겨를 핥고 있는 것을 보고,

"아이구, 속상해라. 저리 가!"

하면서 옆에 있던 모지랑비를 거꾸로 쥐고 때려 쫓고 다시 절구질을 시작한다.

"칫 처, 칫 처."

방아를 찧으면서 마누라는 광의 항아리에 있는 알을 생각한다.

'이제 몇 알만 더 낳으면 네 꾸러미가 될까. 남의 닭은 며칠 만에 한 알씩 낳는다는데 우리 닭은 매일 꼭꼭 낳는걸. 이제 네 알만 더 낳으면 네 꾸러미거든. 이번 장에 갖다 팔면 얼마 받을까? 팔아 가지고 암탉을 또 한 마리 살걸. 있던 놈하고 모두 열 마리가 매일 알을 낳으면 잠깐 열 꾸러미는 될 거라. 그 놈을 팔아 보태서는 이번에는 돼지를 사지. 아니, 그릴 것 없이 좀더 보태서 암송아지를 사자. 그러면 송아지가 잠깐 자라서 또 새끼를 낳을 테지. 송아지, 큰 소 모두 한 열 마리가 되면 굉장하다. 그 때에 소를 더러 팔아서 논도 사고 큰 집도 사고 큰아이 장가도 보내고……'

뚱뚱 마누라는 방아도 잘 찧지 못하고 보리를 절구에서 덜었다 도로 쏟아 넣었다 하고 있다. 이 때에 마침 장도 볼 겸 읍에까지 다녀오려구 소를 먼저 먹여 놓으려고 일찍 일어나 나온 주인은 외양간에 가서 암소를 슬슬 한 번 쓸어 주고 끌고 나오다가 싱글싱글 웃고 있는 마누라를

보고,

"무얼 그렇게 혼자서 좋아 그리고 있소?"

"글쎄, 우리 암탉이 날마다 알을 낳는 게 하도 신통해서 그러지요. 잠깐 서너 꾸러미 되겠거든. 팔아다가 암탉 몇 마리를 더 사 옵세다, 우리. "

사나이는 마누라의 속셈을 벌써 다 알았다. 돈을 모아 보려고 어린 아들을 달걀 한 알 마음놓고 못 먹이는 것이 불쌍하기도, 밉기도 해서 비웃는 듯이 웃으면서,

"여보, 너무 그러지 말고 더러 어린애두 삶아 멕이기두 하구 당신두 좀 먹구 그리시우."

해 보았다.

"무어요? 당신의 상에두 새우젓찌개 하나 못해 놓는 걸 우리가 먹어요? 모아서 이제 사 오는 암탉은 내 몫으로 할걸요.

마누라는 깜짝 놀라서 이렇게 말한다.

"참, 내일이 당신 생일이지. 깜빡 잊어버릴 뻔했군. 장에 갔다가 고기나 한 근 사 와야겠군."

자기 말은 들은 체도 아니하고, 새삼스러운 이 말에 고마운 줄도 모르고 마누라는 더욱 놀라는 듯이,

"아이구, 당신 정신 나갔구려! 생일이 다 무어구 고기가 다 무슨 고기요. 이담에, 이담에……."

'이' 자를 썩 길게 끌어서, 오래오래 있다가 돈 많이 벌어 놓은 다음에나 고기를 사다 먹자는 말이었다.

그날 저녁에 베를 짜고 있던 마누라는 남편이 뻘건 쇠고기를 사 들고 오는 것을 보고 베틀에서 일어나지도 않고 야단을 하였다.

"용덕이 아버지 미쳤소? 누가 고기 사 오랍디까. 우리 약속한 지 벌

써 삼 년도 못 되어서 그게 무어요? 날더러 밤낮 주책없다구 그러더니, 자기가 먼저……."

사나이가 들었던 고기를 부엌 솔나뭇단 위에 홱 던지고는 독에서 물을 떠서 세수를 하면서 그리고 마당을 쓸면서 지난 삼 년 동안의 일을 생각하였다.

강원도 춘천군 오여울이란 두메에 와서 농사를 지으면서, 벌써 삼 년째나 사는 홍이라는 이 젊은이는, 나이도 서른이 훨씬 넘고 말이 없고, 게다가 태도가 진중해서 뉘게나 점잖다는 말을 듣고 대접을 받기 때문에 어디를 가나 젊은 축에는 들지 못하지만──본시 어디서 온 사람인지, 무얼 하던 사람인지 동네 사람들도 자세히는 모른다. 일본 공부도 다닌 일이 있고 교사 노릇도 하고, 어떤 군청에도 잠깐 다닌 일이 있다는 말을 들은 사람이 있고, 그리고 동네 사람들의 대서는 맡아 두고 해 주고 하기 때문에, 누가 시작했는지 모르나 '홍 주사' 라는 별명을 가지게 되었다.

홍 주사는 춘천 촌으로 오면서 몇 가지 결심한 것이 있다. 다시는 촌을 떠나지 않을 것이 그 첫째요, 소를 잘 기르고 소와 같이 부지런히 농사를 할 것이라는 것이 둘째요. 셋째는 무엇이나 제가 지어서 먹고 사 먹지 않기로 마누라도 이것을 찬동해서 꼭 베를 짜서 입고 일체 옷감을 사지 않고, 고기나 반찬도 사다 먹지 않기로 약속하였다.

그 때에 두 돌 지난 아들 용덕이가 열 살 되기까지는 이 약속을 지키기로 작정하였다.

춘천서 어떤 가까운 친구가 왔을 때에 처음으로 한 놈을 잡아먹은 일이 있고는 실상 달걀 한 알 못 먹고, 그 흔한 고무신 한 켤레 사다 신지 못하였다. 자기는 헌 구두를 출입할 때에만 신고, 두 사람이 다 밤낮 삼으로 손수 삼은 미투리를 신었다. 마누라는 닭을 치는 것이 가장 큰 재미지마는 홍 주사의 유일한 낙은 소를 먹이는 것이었다.

한국 사람은 소를 사랑하고 집마다 소를 먹여야 한다는 것이 그의 주장이었다. 그리고는 벌을 몇 통 쳤다. 꿀을 받아서 어린것을 먹이고 동네 사람더러도 치라고 권한다.

"아버지, 아버지, 얼른 좀 나와 보세요."

전 달리 일찍 일어난 용덕이는 무슨 큰일이나 난 듯이 안방 문을 열고, 여태 밖에 있다가 들어가서 잠깐 잠이 든 아버지를 들여다보면서 소리소리 지른다.

어느 새 용덕이는 열 살이 넘었고, 홍 주사네 살림도 꽤 늘어서 논도 새로 풀어서 몇 마지기 만들었고 집도 사랑채를 지었고, 소도 두어 마리 되고 도야지는 남 준 것까지 열 마리가 넘는다. 이 날 아침에는 새벽 일찍 일어나서 소 외양간을 깨끗이 치워 주고 여물을 정성껏 끓여 먹였다. 새끼 뱄던 암소가 여물을 먹고 나더니 금방 새끼를 낳아 놓았다. 홍 주사는 너무 기뻐서 손수 송아지를 따뜻한 물로 씻어 주고 어미소 등에 부댓자루를 뜯어서 덮어 주었다. 초가을이라 새벽녘에는 꽤 쌀쌀하기 때문에 마치 산모인 듯이 생각하고 간수하는 것이다. 그리고 자기는 약간 감기 기운이 있기 때문에 으스스해서 들어가 누웠던 참이다.

"아버지, 아버지, 소가 애기를 낳았어요. 그런데 금방 걸어다녀요! 좀 나가 보세요!"

"보았어, 보았어!"

홍 주사는 용덕이를 보고 끄덕끄덕하기만 하다가 이렇게 말하고, 종내 끌려나와서 어미소가 쭈그리고 있는 새끼를 쩔쩔 핥아 주고 있는 것을 보고 있다가,

"아무리 짐승이라도 금방 나온 새끼가 크기도 하지."

안에서 아침밥을 짓다가 나오는 마누라를 보고 홍 주사는 이렇게 말한다.

"정말 이렇게 큰 송아지는 처음 보았어요. 수커지요? 여보 용덕이 아
버지, 이 송아지는 용덕이 소라 하고, 이담에 암컷 낳거든 내 몫으로
주어요, 응. 이 송아지는 용덕아, 네 송아지다."

"이담에 암컷 날지 어떻게 알어! 용덕이 송아지 삼으면 제가 길러야
지! 제가 먹일까, 벌써……."

어린 아들 용덕이도 크고 그 송아지도 커서, 먹이기도 하고 타고도
다닐 일을 생각하매 자기도 참말로 기쁘지 아니한 바가 아니려니와, 어
린애같이 너무 좋아서 정신없이 지껄이는 마누라를 보고 웃으면서 홍
주사는 잊어버렸던 대문 돌쩌귀를 빼어 놓고 용덕이를 한번 돌아보고
다시 안으로 들어갔다.

마누라는 송아지를 보면서 무슨 궁리를 하는 모양이었다.

"그럴 것 없이 내 몫으로 암소를 또 한 마리 사다가 두 놈이 새끼를
낳고, 그 새끼가 커서 또 새끼를 낳으면……."

마침 이때에 삐꺽 하는 대문 소리에 마누라는 깜짝 놀라서 재미있는
꿈을 깨친 듯 시무룩해서, 가만가만 들어오는 앞집 장손이 어머니를 바
라본다.

"용덕이네 소 새끼 낳구만요. 아이구 크기도 해라, 새끼가……."

"이 송아지는 우리 용덕이 송아지라우."

송아지만 바라보던 마누라는 옆에 있는 용덕이 머리를 쓰다듬으면서
자랑삼아 이렇게 말했다. 바가지를 뒤로 감추고 어물어물하던 장손이
어머니는 겨우 주인 마누라 귀에다 입을 대고 보리쌀 두 되만 꾸어 달
라고 청한다.

"장손이 어머니, 오늘은 없는데요. 우리두 공출인지 다 하고 마침 또
꾸어 가고 보리 갈 때까지 양식이 모자랄 것 같은데요."

마누라는 고개를 짤래짤래 흔들면서 단번에 거절을 한다.

너무 무안스럽고 딱해서 얼른 돌아서 달아나듯이 나가는 장손이 어머니의 뒷모양을 방금 안방에서 나오던 주인 홍 주사는 물끄러미 바라보고, 두 눈에 눈물이 글썽글썽하였다.

깁는다고 하기는 했어도——다 찢어져서 옆구리 살이 드러나는 저고리, 부대치마 밑에 빼빼마른 종아리며 발목, 그보다도 집에서 배고파 울다가 잤을 어린것들의 모양, 그보다도 그것을 차마 볼 수 없어 애태우는 어미의 쓰라린 마음을 생각하여 홍 주사는 한없이 불쌍한 충동을 받은 것이다.

홍 주사는 마누라를 부르고 장손이 어머니를 불렀으나 마누라도 대답이 없이 어디로 없어지고, 나간 손은 더구나 소식이 없다. 홍 주사는 싸리비로 마당을 쓸다가 뒤꼍으로 돌아가서 마누라를 보고, 동네 사람에게 너무 박절하게 한다는 말을 하고 얼른 쌀을 좀 갖다 주기를 권하였다.

"그 여편네를 그렇게 생각하거든 당신이 좀 갖다 주구려. 무엇이 애가 타서 쌀바가지를 들고 댕기란 말이야. 글쎄 사람이 염체가 있지. 한 번 꾸어 가면 꾸어 간 건 가져오구 또 꾸어 달래는 거지…… 우리더러 그냥 양식을 대란 말이야. 저희 줄 게 있으면 우리 동생네 주지…… 가난은 나라도 못 당한다구, 난 몰라요, 몰라."

보다 좀 나온 입이 완연히 더 나온 마누라는 우물에 나가는지 밖으로 나가 버리고, 홍 주사는 입맛만 다시고 마당을 마저 쓸어 치우고 외양간에 가서 새끼 낳은 암소를 한 번 쓸어 주고 소제를 하면서,

'가난! 가난!'

가난의 설움을 생각하고, 가난한 동네 사람들의 정상을 생각하고, 어떻게 하면 동네에서 '가난'을 내쫓아 버릴까 하는 궁리를 가끔 하는 것이었다. 마누라도 처음에는 그렇지 않았건만 셈이 좀 펴이니까 인심이 사나워졌다고 생각하였다.

그날 저녁이다. 유월달 꽤 뜨겁던 해가 넘어간 황혼이었다. 홍 주사는 동네 앞 개울에서 소를 먹이다가 언덕에서 풀을 깎고 있는 장손이를 만났다. 아침 일이 생각이 나 홍 주사는 매우 미안스러워서, 저쪽에서 무안스러운 듯이 돌아서려는 것을 일부러 쫓아가서 이야기를 붙였다.

"이따 오게. 내 마누라 몰래 좀 줄 테니, 자루를 가지고 오게."

"아직 보리 벨 땐 안 되구, 팔십 노인 할머니하구 어린애들하구 며칠을 굶다가 참다못해 그만두시라니까 어머니가 종내 가셨던 모양이군요. 보리 좀 잘라다가 아침밥 해 먹었어요."

홍 주사는 고개만 끄덕인다.

"그런데 주사님께 말씀드리긴 어려워두, 그저 저희 몇 식구 먹여 살리시는 줄 아시구 송아지나 한 마리 사 주세요. 송아지를 사 주시면 부지런히 농사지어서 댁에 쌀 꾸러 댕기지 않구 살겠어요."

장손이는 새끼 딸린 홍 주사네 소를 한번 쳐다보면서 꼴 베던 낫을 놓고 두 손을 모아 읍하고 엎드려 절이라도 할 듯이 이렇게 공손히 말한다.

장손이는 아버지를 일찍 여의고 어머니와 외할머니를 모시고 어린 동생을 데리고 부대 농사를 지어 가면서 홍 주사네 밭도 좀 부치고 간신히 살아갔다. 나이 스물다섯이 넘도록 총각으로 있다가 작년 가을에야 사람이 무던하다고 누가 딸을 주어서 장가를 갔다.

홍 주사는 고개만 끄덕끄덕하고 그러라든지 안 된다든지 말이 없다. 홍 주사도 장손이한테는 사람 진실하고 술·담배 모르고 부지런하다고 퍽 호감을 가지고 있기 때문에 장가갈 때에도 쌀말도 사 주고, 속으로 '저렇게 착한 사람이 늘 저렇게 고생을 하고 있어서 안되었다.' 하고 은근히 동정을 하고 있던 차이었다. 그리고 그 중에도 소를 먹이겠다는 것은 꼭 마음에 들었다.

홍 주사는 강원도 오기 전에 인천으로, 서울로 돌아다니면서 고생하던 생각, 한동안 안변 시골서 농사짓느라고 고생을 하던 생각을 하고 더욱 장손이에게 동정이 갔다.

사람이 어쩔 수 없이 곤경에 빠졌을 때는 누가 조금만 거들어 주면 거기서 솟아날 수 있다. 우리 나라 사람은 남에게 눌리고 속고 빼앗기기는 할지언정 도움을 받을 길은 없다. 우리는 서로 붙들어 주면서 살아야 하겠다.——이런 생각을 가지고 있던 홍은 장손이 일이 남의 일 같지가 아니하였다.

실상 홍 자신이 강원도 와서 자리를 잡고 살게 된 것이 춘천읍에 있는 어떤 친구의 도움과 주선의 덕이 컸던 것이다. 사실은 홍은 형들도 있고 유여한 삼촌도 있었으나, 남을 의뢰할 생각을 아니하고 제 힘으로 살아 보려고 다니다가, 월급쟁이 노릇을 해서는 밤낮 그 턱으로 거지 노릇을 하겠다고, 결심하고 다시 시골로 온 것이다. 와서 곧 닭치기와 벌치기를 부업으로 하면서 농사를 하였다. 물론 홍이 시골 온 것은 세월이 점점 험해지고 급해지면 제정신 가지고는 살 수 없으리라고 생각해서 일부러 아무것도 모르는 듯이 농사꾼이 된 데 더 큰이유가 있는 것이다.

"이제는 우리가 고생해서 한 푼 두 푼 모아 가지고 앞으로 아이들이나 남에게 구차한 소리 안하고 살아가도록 해 봅세다."

이렇게 아내하고 약속하고 땅마지기나 사 가지고 시골로 온 뒤로, 다행히 아내가 튼튼해서 병 없이 일을 잘해 주어서 남의 도움을 받지 않고 그럭저럭 살게 된 것이다.

"글쎄, 어디 보세. 그래서 자네가 걱정 없이 살아간다면 이웃사촌이라구 낸들 안 좋겠나!"

이렇게 막연한 대답을 하고 '홍 주사'라는 창수는 집으로 돌아와서 그날 저녁에 곰곰 생각하였다.

"이 동네는 장손이 같은 사람이 하나만이 아닌데, 그 사람들이 다 소만 있으면 살아갈 수 있다면……."

이런 생각을 하고 여러 가지로 궁리를 하다가 우선 장손이 한 사람으로 시험을 해 보기로 하였다.

"이제는 나도 불가불 이 동네를 떠나야 할까 보다."

홍 주사는 남산을 바라보고 그 옆으로 넘어가는 신작로길 고개를 바라보고 지난날 새벽에 아내가 뿌리치고 넘어가던 길을 물끄러미 바라보면서 이렇게 중얼거렸다.

홍 주사는 그 뒤에 장손이하고 어렴풋이나마 약속을 지켜서, 자기가 친히 송아지를 사다가 주었던 것이 집안 싸움의 시작이 되었다. 홍 주사는 아무 말도 아니하고 사다가 주는 것을 장손이가 굳이 송아지에 대한 조건을 물어보는 말이 귀찮다는 듯이,

"여러 말 할 것 있나. 그냥 그저 사 준다고 했으니 사 주는 것이니, 부지런히 농사해서 잘 살게그려. 정 못 알아듣겠거든 나를 형이나 아비로 알아주게나."

이런 말을 해 두었다. 그런 것을 장손이 어머니는 너무 고마워서 일부러 치하하러 와서 용덕 어머니더러 그런 말까지 죄다 하였다. 이번에는 자기 몫으로 소를 사겠다는 셈을 치고 있던 마누라는 자기하고는 한마디 의논도 없이 장손네를 사 주었다는 것이 노엽고 분하다고 밤새도록 자지 않고 못 견디게 비위를 거스르기 때문에, 홍 주사는 홧김에 옆에 있던 질화로를 내던지는 바람에 마누라는 이마를 다치고 얼굴을 데고 하여서 며칠을 먹지도 않고 누워 있었다.

그런 뒤에 홍 주사는 빌듯 달래듯 하면서 자기 속뜻을 알아듣도록 이야기해 주었건만 마누라는 종내 알아듣지 못하였다.

"이 재물이 당신 혼자 모은 겐 줄 아시오. 내가 먹고 싶은 것 먹지 못
하고, 입고 싶은 것 입지 못하고, 밤잠도 못 자고 해서 모은 것이
지……."

이런 말을 늘어놓으면서 마누라는 소리쳐 울었다. 이런 것이 첫번 싸
움이요, 그 다음에는 용덕이가 몹시 체해서 앓는 것을 보고 음식을 주
의하지 못하고 함부로 먹여서 앓는다고 무식하다고 말한 것이 나무란다
고 마누라는 또 울고 야단을 하였다.

이번에는 홍 주사는 가만 내버려 두었건마는 마누라는 혼자서 추석도
안 지내고 친정으로 간다고 달아나듯 가 버린 것이다.

앓는 어린것을 데리고 추석을 혼자서 지낸 홍 주사는 매우 쓸쓸하였
다. 이리하여 마누라는 그 뒤에 오기는 왔지마는, 집에 있는 때보다 나
갈 때가 많았다. 마누라가 없는 때는 앞집 장손네가 와서 식사를 해 주

고 한집처럼 지냈다.

그 뒤 다시 오 년이 지났다. 지나간 오 년은 우리 전 민족과 같이 창수도 상당히 괴롭게 지냈다.

용덕이는 불행히 늑막염으로 오래 누웠다가 죽고, 아내도 그 뒤로부터는 몸이 약해서 앓기만 하고 누워 있는 시간이 많고 늘 신경질만 부리고, 그리고 자기는 번번이 보국대로 끌려 나가고 양식은 공출로 빼앗기고 나니, 잘 먹지 못하고 일만 하는 동안에 몸이 퍽 쇠약해졌다. 홍 주사는 여전히 농사를 짓고 벌치기와 소먹이기를 힘썼다. 그 동안에 소를 하나씩 사 주어서 동네 사람 중에 소를 안 먹이는 집은 하나도 없게 되었다. 그리하여 십 년 동안에 이 오여울 동네는 전에 비해서 훨씬 살림이 윤택해졌다.

"우리네가 이만큼 살게 된 것은 홍 주사님 댁 덕이야. 그래도 홍 주사네는 집안이 말이 아니야."

동네 사람은 고맙고도 미안스러운 듯이 이렇게 말한다.

기막히고 억울한 일정 시대, 그 지긋지긋한 전쟁도 끝나고 해방의 기쁨이 삼천리 전역에 넘치게 되었다. 팔월 십오일이 지나서 몇 날 뒤에 그 소식을 들은 창수는 동네 사람들을 지도하여 자치로 질서를 유지해 가고, 모든 일을 정부가 생겨서 지휘하는 대로 하기로 하고, 그 동안 경솔히 하는 일이 없이 자중해서 지내자고 동네 사람들의 다짐을 받았다.

창수 자신도 춘천읍에 한번 잠깐 다녀온 후로 여전히 가을 준비와 소먹이기, 벌치기에 바빴다. 겨울도 그럭저럭 지나고 새해가 오고 봄이 되었다. 창수는 다시 농사 준비를 하고 있었다.

"당신 친구들은 모두 춘천으로, 서울로들 가서 한자리씩 하고 출세를 하는데, 이 좋은 세월에 우리는 그냥 촌에 묻혀서 일만 하고 있잔 말이오."

홍 주사네 동네는 공교로이 바로 3·8선 이남에 들었으나, 자기는 아직 세상에 가서 덤벼들 마음이 없어서 본래 결심한 대로 그대로 농촌을 지키기로 하였던 터이라,

"농사하는 사람이 있어야지, 농사하는 사람이 없으면 어떻게 백성들이 먹고 살아간단 말이오. 우리는 그냥 이 동네서 살아 봅세다."

하고 아내를 달랬다.

"나는 암만 해도 여기서는 못 살겠어요. 이제는 힘이 없어서 일도 못 하겠구 하기도 싫고, 사람이 웬만큼 고생을 하다가도 좀 편안히 살자구 그러는 것이지, 누가 밤낮 이 꼴을 하구 산단 말이오. 이제는 우리두 대처에 가서 먹고 싶은 것도 먹고, 구경도 하구 산 드키 살아 봅세다그려."

마누라는 여전히 불평이 대단하고 도회지에 나가고 싶은 생각이 간절한 모양이다. 그 동안 고생하고 일한 것은 촌에서라도 언제든지 돈을 모아 가지고 호화롭게 잘살자는 뜻이었다.

"글쎄, 당신의 말도 그럴 듯하지마는 이제 갑자기 대처로 가면 무슨 별수가 있소? 어디 가면 이만한 데가 있겠소?"

홍 주사는 그대로 이 촌을 떠나지 말기를 고집하였다.

"그럼 당신이나 여기서 살구려. 나는 싫소. 내 소 팔아 가지고 춘천으로 가든지 서울로 가든지 갈 터이야요."

"소를 팔아? 소를 팔아 가지고 무얼 한단 말이오?"

"장사하지. 아랫동네 구장네도 이북으로 다니면서 돈 많이 벌었는데……."

"당신이 꽤 장사를 할 것 같소? 그리구 소두 우리 식구가 아니오? 제 식구를 팔아서 무슨 이를 보겠다고 팔아 없이 한단 말이오. 인제 아주 살림 끝장내려우?"

"글쎄, 내 소를 내 맘대로 한다는데 걱정이 웬 걱정이오? 제 걸 가지고 제 맘대로 못한단 말이오. 두어야 잃어버리기나 하랴구. 장손네 소 잃었으니 이번엔 우리 소 잡아갈 차례로구만. 바로 몇 날 전에 장손네 소를 잃어버렸는데……."

아직도 장손이 소 사 준 것을 빈정대는 말이다.

"자, 아무리 당신의 소라구 해두 여태껏 공손히 아무 말도 없이 주인을 위해서 일을 해 준 소를 인정간에 어떻게 얻다가 팔아먹는단 말이오. 이 동네 사람은 살 사람이 없을 테니 장에 갖다 팔면 잡아먹는 거 아니구 뭐요."

"원! 소에게 무슨 인정이야. 그까짓 짐승에게!"

"그까짓 소! 그 소가 좀 귀하오. 사람이 소만 못하다오. 사람은 저 할 일은 안하구 불평만 하지마는 소는 아무 소리 없이 수걱수걱 일만 하는 걸 좀 보아요. 당신은 이 근래는 밤낮 웬 불평만 그렇게 많소?"

"몰라요, 몰라요. 나는 여기서 살기 싫어!"

마누라는 나중에는 울기를 시작한다. 창수도 가만히 생각하니까 자기가 너무 무리한 것 같고 마누라가 불쌍한 생각이 불현듯 일어나서, 가슴이 뭉클해지면서 눈물이 나는 것을 참느라고 아무 대꾸를 아니하고 돌아누워 버렸다.

창수는 변변히 깊은 잠을 못 들고 일찍 일어나서 대문 밖으로 나갔다. 마침 장손이가 헐떡거리고 올라오고 있다.

"선생님, 선생님. 선생님 뵐 낯이 없습니다……."

장손이는 두 눈에서 눈물이 글썽글썽해서 그 다음 말을 못한다.

"인제야 알았어요. 내 건너 이북 동네 놈들이 우리 소를 잡아먹었대요. 이쪽에서 간 것을 잡아먹었다니 우리 소밖에 더 있어요. 그놈들을 어떻게 하면 좋아요?"

창수도 눈시울이 벌개지면서 아무 말도 못하고 하늘만 바라보고 서 있다.

"소경 제 닭 잡아먹기로 제 동포의 것을 잡아먹고 마음이 편할까?"

창수는 이렇게 중얼거리고 그 날 하루를 매우 괴롭게 지냈다. 혼자서 뒷산에 올라가서 오여울 동네를 내려다보고 내 건너 소위 이북 땅을 바라보고 하루 종일 먹지도 않고 울고 있다가 밤에 별이 총총해서야 내려왔다. 내려와 본즉 집안은 안팎에 도망한 집처럼 늘어놓고 마누라는 말도 없이 자기 치마를 짓고 있다. 창수는 사랑 문턱에 잠시 앉았다가 도로 산으로 올라갔다. 마누라 생각, 지나간 십 년 동안의 일, 동네 일, 나랏일을 생각하면서 조용한 모퉁이 바위 위에 걸터앉아서 하늘의 별을 바라보고, 이남이고 이북이고 분간할 수 없이 안개 속에 잠긴 동네들을 바라보고 있다. 생각을 해서 앞길을 정하려고 해 보았으나 눈물만 나고 아무 생각도 할 수 없다. 이 때에 밑에서 수선수선하는 소리에 따라서 동네 젊은이들이 올라온다. 웬 서투른 황소 한 마리를 끌고 소나무 새로 올라온다. 그 가운데 장손이도 섞이어 있다. 마침 이북에서 넘어온 소를 잡아먹겠다고 끌고온 것이었다.

"저희도 우리 소를 잡아먹었는데요."

장손이가 씨근거리면서 말한다. 젊은이들은 모두 흥분해서 기어이 잡아먹는다고 야단이다.

"안 됩니다, 안 됩니다. 동포끼리 그래선 안 됩니다. 돌려보내시오. 정 소를 잡아먹고 싶거든 우리 소를 잡아먹어."

이 말 한 마디를 남기고 창수는 달음질로 바삐 동네로 내려갔다. 자기네 소를 끌어다 주려고 대문을 열고 들어가 외양간을 본즉 외양간이 텅텅 비었다. 밖에도, 집 근방 아무 데도 소는 없다. 방에 들어가 본즉 서투른 글씨로 이런 말이 씌어 있는 종잇조각이 방바닥에 구르고 있다.

'나는 내 소를 가지고 갑니다.——다시는 기다리지 마시오.'

창수는 얼빠진 사람 모양으로 멍하니 방 한가운데 서 있다가 궤짝에
서 돈을 꺼내서 소 한 마리 값만큼 장손에게 갖다 주고, 자기도 얼마 가
지고는 장손이 어머니보고 몇 마디 이야기를 하고 나왔다.
　　다시는 오여울 동네에서 아무도 홍창수를 본 사람이 없다.

방 황
―암흑과 광명

"조심해서 잘 가거라."

"네. 선생님, 안녕히 주무세요."

"응, 그런데 눈도 왔는데 잘 가겠니? 가만, 잠깐 기다려라. 같이 가자."

한 교장은 신애를 금방 현관 밖으로 보내 놓고 마음이 놓이지 않기 때문에 신애를 기숙사까지 바래다주려는 것이다. 기숙사와 같은 평면에 있는 운동장까지라도 바래다주려는 속셈이다.

"아니야요. 교장선생님, 염려 마세요. 이젠 저 혼자 잘 다니는 줄 모르세요? 선생님. 더구나 학교 구내에서 못 다니면 어떡해요? 선생님."

"아니야, 그래두 오늘 저녁은 내가 바래다줄게……. 잠깐 가만있거라."

"선생님, 정말 추운데 나오지 마셔요, 감기드셔요. 밤낮 붙들려 다녀서 어떻게 해요. 저두 이젠 좀 사람 구실을 해야지요. 어서 들어가셔요."

"아니다, 잠깐 있거라."

신애가 굳이 사양하면서 나오기를 말리는 것을 한 교장은 기어이 고무신을 끌고 대문 밖으로 나섰다. 바깥 공기는 꽤 맵다.

싸락눈이 좀 내려서 겨우 길을 덮었지만 그리 미끄러울 정도는 아니었다.

대문 앞에서 기숙사 가는 길로 꺾이는 길목까지 가자 신애는 한 교장을 앞질러 돌아서면서,

"선생님, 어서 들어가셔요. 밤두 늦었는데 어서 들어가세요. 선생님 안 들어가시면 저는 안 갈 테야요. 선생님 왜 저번에 저희들보고 훈시하실 적에 '맹인들은 밤낮 남을 의지하려구만 하구 남의 도움을 받을려구만 하는 게 탈이야. 그건 거지 근성이야. 좀 독립정신을 가지고 제 발로 다니구 제 힘을 가지구 살 각오를 가져야 해.' 하시지 않으셨어요. 저는 그 때 선생님의 그 말씀을 듣는 그 시간부터 단단히 결심했어요. 선생님이 그렇게 가르치시구는 그 말씀대루 실행을 하두룩

버려 두셔야지요. 말씀은 그렇게 하시구 실지루 그렇게 행하지 못하두룩 하시면 어떻게 해요!"

신애의 말을 들어 보면 과연 그럴듯하긴 하다. 물론 속으로는 밤이 늦고 날도 차니까 나를 염려해서 사양을 하는 것이지만, 또 지금 하는 이야기도 노상 사양하는 거짓말이 아니다. 내 말을 듣고 제가 단단히 결심한 것도 사실이요, 또 기특한 일이다. 그냥 보내야겠다. 한 교장은 이렇게 생각을 했지만, 오늘 저녁은 기어이 바래다주고 싶은 생각이 들었다. 그리고 마침 지금 신애가 하던 이야기에 대해서 그 조건을 꺾을 만한 구실이 문득 생각났다.

"아니야, 신애는 특별한 경우야. 신애는 다른 아이들과 다르거든, 그렇지? 내 말을 알아듣겠지, 내 말을 알아듣겠나 말이야. 너는 아직 신입생이니까 말이야."

"선생님, 제가 왜 못 알아들어요. 그러니까 신입생이라두 신입생 적부터 기압을 받아 가면서 훈련을 받아야지요. 저는 선생님 밑에서 사람 구실을 하기를 힘쓸래요. 글을 배우고 산수를 배우기보다도 사람 구실을 하기를 배워야 될 것 같애요."

신입생이지만 나이를 먹은 것이 다르다. 그런 생각을 가지면 그야말로 맹인이라도 장차 사람 구실을 하겠다. 한 교장은 신애를 어지간히 믿음직하게 생각하였다.

"그럼, 네 말두 그럴듯하다. 조심해 가거라."

"네, 선생님, 안녕히 주무셔요."

"오냐, 잘 가거라."

한 교장은 신애가 더듬더듬 가는 것을 이윽고 바라보다가, 잘 가겠지 하면서 돌아서서 집으로 들어왔다. 집에 돌아오니까 안방 시계가 땡땡 여러 번 치는 것이 열 시를 알리는 모양이다.

현관문을 잠글 것을 잊어버리고 들어온 한 교장은 다시 나가서 대문을 한 번 보고 현관문을 잠그고 들어왔다. 책상에 버려졌던 원고지를 걷어치우고 안방 쪽으로 가다가 마루에서 아내와 마주쳤다.

"신애 갔수? 기숙사까지 데려다 주셨수?"

"아니, 혼자 댕길 버릇을 해야지."

'그렇지.'

"주무실려우, 더 쓰실려우? 그만 주무시지, 일 방해 많이 되었구만."

아내는 자리를 보고 버려진 것을 치운 다음에 버려졌던 그릇을 들고 눈기로 잘 자라는 인사를 다시 하고 안방으로 건너 갔다.

한 교장은 쓰던 원고장을 치워 버리고 자리에 누웠다. 머리가 어지러웠기 때문에 더 써질 것 같지 않을 거라고 생각한 것이다.

자려고 누우니까 신애가 이야기하던 생각에 잠이 오지 아니하였다. 게다가 예전에 학생 시대에 일본서 우연히, 본국에서 온 대학생을 돌보아 준 경험은 있지만, 깊은 각오나 준비도 없이 막연하게 이 맹아 학교에 오게 된 일이며, 더구나 또 글쓰는 사람으로 어울리지도 않는 교장이란 자리에 앉게 된 일이며, 와서 첫 처사로 나이 지났다고 받을 수 없다고 선생들이 꺼리는 것을 억지로 받아 준 신애의 일, 그리고 방금 신애가 와서 이야기하던 일이 뒤섞여서 머리에 떠올라 오기 때문에 잠을 잘 수가 없다.

신애는 나면서부터나 혹은 아주 어려서 눈이 먼 것은 아니다. 열다섯 살 때에 눈병이 나서 고치다고치다 못해 종내 소경이 되었다는 것이다. 신애는 해방 직후에 눈병을 고치려는 희망을 품고 단신으로 고향인 맹산을 떠나서 평양으로 해서 서울까지 오는 동안에 고생한 것은 말할 것도 없고, 서울에 와서 D병원에서 치료하다가 그만 아주 희망을 잃어버리고 소경이 되었는데, 그 때의 실망과 슬픔은 어떻다고 이루 형용할수가 없었다. 차라리 나면서부터나 혹은 아주 어려서 실명을 하게 된소경은 성한 사람이 상상하는 것처럼 그렇게 고통은 모르는 것이다.

그네들은 빛이라는 것을 모르고 눈 없이 환경에 적응하도록 눈 이외의 모든 다른 기관이 발달하였기 때문에, 예를 들어 말하면 손이나 발이나 귀가 눈을 대신하여 예민하게 움직여 주기 때문에 그럭저럭 살아가지만, 중간에 실명한 사람은 광명하던 세계가 별안간 캄캄해지니, 마치 갑자기 암흑세계에 던져진 것 같아서 어쩔 수가 없다. 게다가 실명한 실망감과 그때 그때 당하는 고통과 정신적인 타격에 그야말로 산다는 것이 죽는 것만 같지 못하다는 처지에 빠지는 것이다.

한 교장이 신애더러 '신입생'이라고 한 것은 학교에 갓 들어왔다고하는 말이 아니라, 맹인 나라에 처음 들어온 신입생이라는 것이다.

한 교장이 처음에 이 학교에 와서 아이들이 손을 잡고 더듬더듬 다니면서도 웃고 떠들고 농지거리를 하고 있는 것을 보고 '사람이 다 살게마련이다.' 하고 깨달은 것이 선천성 맹인이나 갓나서부터 실명한 사람들에게 대한 생각이었다.

그런데 그것을 알고 신애와 같이 중간에 실명한 사람이 얼마나 불행한 것을 절실히 느꼈던 것이다.

'신애는 얼마나 답답하고 안타까울까!'

한 교장은 어느 새 잠깐 잠이 들었다.

"선생님! 선생님!"

"교장 선생님!"

한 교장네 뒷밭 쪽에서 모깃소리만한 소리가 들린다. 그러나 한 교장은 마침 첫잠이 들었던 때라 희미하게 들려오는 그 소리에는 잠이 깨어질 수가 없었다.

"선생님!"

고요한 밤중이라 가늘지만 멀리 똑똑히 울려 오는 것이다. 애처로운 호소의 소리다.

멍멍, 멍멍.

이윽고 어디서 개 소리가 들려온다.

신애는 한 교장이 바래다주겠다는 친절을 굳이 거절하고 혼자서 더듬더듬 기숙사로 가는 길을 찾아가고 있었다.

'고마워라. 서울에 와서 그렇게 따뜻하게 대해 주는 이는 처음이어!'

신애의 귀에는 한 교장의 부드러운 말소리가 아직도 남아 있는 것 같았다.

'고마워라……'

신애는 또 한 번 속으로 중얼거렸다.

"학비는 물론이구 식비도 걱정할 거 없다."

한 교장의 이 한 마디는 신애의 어두운 앞길이 환히 틔어지는 것 같았다.

'정말일까?'

약간 의심도 생겼지만 교장 선생님이요, 더구나 목사님이라는데 의심할 것이 없다고 생각하니 한숨이 내쉬어졌다.

"흥! 신애는 교장 선생님의 권도로 들어왔는걸, 머."

마침 사감 윤 선생의 으레 비꼬는 말투로 하는 잔소리가 생각났다. 그래서 신애는 허둥지둥 발걸음을 서둘러 내켰다.

"아이쿠머니, 아니로구나!"

얼마큼 더듬어 가던 신애는 발걸음을 멈출 수밖에 없다. 얼마큼 갔는지 모른다. 한참 갔던 모양이다.

약간 경사진 언덕을 올라가서 운동장이 되고 운동장을 지나서 좀 가면 기숙사가 되는데 암만 가도 기숙사 길이 나서지 않는다. 우선 운동장으로 올라가는 언덕길을 지난 것 같지 않고, 그리고 운동장은 빤빤하니까 발에 거칠 새가 없을 텐데 자꾸만 발길에 걸리는 돌이 있다. 큰일 났다.

처음부터 방향을 잘못 잡았다.

약간 왼편짝으로 향해 가다가 언덕을 올라가야 할 텐데 신애는 바른편으로 간 모양이다. 그래서 교장 사택인 집 뒤쪽으로 간 모양이다. 거기는 널따란 빈터였다.

그런데 신애는 그것을 알 리가 없다. 이 학교에 온 지는 두어 달 좀 지났지마는 교장 사택은 세 번째밖에 못 와 보았고, 더구나 앞으로 다니는 길이나 대강 알 뿐이지 그 집 뒤의 형편이 어떤 것인지 알 까닭이 없다.

더구나 눈이 왔다.

소경은 발이 눈 대신을 해 주는 것이다. 그러니까 발짐작과 발맛으로 길을 찾아가는 것이다.

그런데 눈이 와서 덮이면 발짐작을 할 수가 없다. 결국 눈이 눈노릇을 해 주는 발걸음을 방해하는 것이다. 신애나 한 교장은 두 사람 다 이것을 몰랐던 것이다.

맹인의 세계에는 신애도 신입생이지만 한 교장도 처음인 것이다. 그러니까 눈이 온 밤에 서투른 길을 가기로 떠난 신애나, 그런 생각을 못하고 혼자 가라고 보낸 한 교장이나 마찬가지 실수이었다.

신애의 발길에 차이는 돌은 흔히 길가에 널려 있는 자그마한 돌이 아니었다. 꽤 큰 돌이었다. 공사하는 석재로 갖다 두었던 것이 남아 있는 것이다.

신애는 거기에 걸려서 여러 번 넘어졌다. 넘어질 때마다 정강이를 다쳤다. 피가 흐르는 것도 모르고 길을 찾아보았으나 암만 해도 방향을 잡을 수가 없다. 암만 가도 끝이 없다. 어느 넓은 들판을 헤매는 것 같다.

신애에게는 사실 넓은 들판이었다. 신애는 지금 세계의 어느 광야를 헤매는 것이었다. 몸이 척척한 것은 느꼈으나 눈 위에 쓰러졌기 때문에 옷이 젖었는가 했을 뿐이요, 피가 흐르는 줄도 모르고 돌아다녔다.

딱······.

"에크!"

한참이나 헤매다가 부딪친 것을 어루만져 보니까 그것은 신애 자신은 도무지 모르는 담장이었다.

정신을 차려서 담의 반대 방향으로 한참 가 보았다. 정신없이 서둘러서 가 보았다.

"아이쿠머니!"

신애는 소리를 질렀다. 그러자 정신이 아뜩했다. 우물을 파려고 했던 것인지 사실 우물자리인지 상당히 깊은 웅덩이에 빠진 것이다.

이윽고, 이래서는 안 되겠다── 하고 겨우 정신을 차려서 더듬어 보았더니 밑에는 사방에 돌이요, 그리고 웅덩이 위쪽 평지가 만져지지 않는다.

신애는 소리를 내서 울 수밖에 없었다. 젖 먹던 힘까지 다 내어서 신애는 웅덩이 밖으로 기어 올라왔다. 올라와서는 기진맥진해서 땅바닥에 주저앉았다.

눈은 그냥 내리는 모양이다. 진땀이 나서 머리와 손등이 몹시 차갑다. 그 덕에 정신이 더 바짝 든다.

"선생님, 선생님!"

하고 소리를 질러 보았다. 신애는 이 때에 한 교장을 찾을 수밖에 없었다.

'교장 선생님밖에 없다.'

이렇게 생각된 신애는 한 교장네 집과 거리가 어떻게 되는지도 모르고 기껏 목소리를 내어서 선생님을 부르고 있었던 것이다.

"사람 살리셔요."

"누구요, 누구요!"

잠이 들었던 한 교장은 꿈에 어디서 사람 살리라고 애걸하는 소리를 듣고도 얼른 깨어지지가 않아서 얼마만에야,

"누구요, 누구요."

하고 외친 자기 소리에 잠이 깨었다.

"아이쿠 신애가, 혹시나 신애가……."

한 교장은 벌떡 일어나서 대문 밖으로 달려 나갔다.

"선생님, 선생니임!"

분명히 신애의 소리다.

"신애로구나, 이 눈이 오는데……."

한 교장은 곧장 자기 집 뒤로 달려갔다. 집 뒤에 희끄무레한 그림자가 보인다.

"신애냐?"

눈이 성한 사람이건만 눈길에 돌이 많이 널렸기 때문에 넘어질 뻔하면서 거무스레한 그림자가 있는 쪽으로 달려 나갔다.

"선생님!"

외마디소리로 부르면서 달려드는 그림자는 한 교장의 두 다리를 꽉 끌어안았다. 그리고 말없이 흐득흐득 느껴 울기를 시작한다.

"신애야, 웬일이냐?"

한 교장의 목메인 소리다. 신애의 두 손을 힘있게 붙잡았다. 그리고 어깻죽지를 붙들어 일으키는 것이다.

"가자."

한 교장의 손에 붙들려 허청허청 가는 신애는, 산에 가서 길을 잃고 헤매다가 아버지를 만나서 안심하고 돌아가는 어린애와 같이 보였다.

눈이 어두워 암흑 세상에서 헤매던 슬픔과 쓰라림도 크지마는, 한 교장의 인자한 손길에서 느끼는 행복감에 신애는 새로운 빛을 보는 것 같아서 이내 울음을 멈추고 그의 뒤를 따랐다.

"눈이 많이 왔다!"

"눈이 많이 왔지?"

다음 날은 날이 훨씬 개고 봄날처럼 따뜻했다.

기숙사에서는 어린 학생들이 자기들이 앞을 못 본다는 불행도 잊어버린 듯이 재잘거리고 떠들고, 어떤 애는 마당에 쌓인 눈을 뭉쳐 가지고 장난을 하고 있다.

탕!

어떤 아이가 장난으로 눈덩이를 던지는 바람에 신애네 방 창문에 몹시 부딪쳐 맞았다.

새벽녘에야 겨우 잠들었던 신애는 깜짝 놀라 깨었다. 깨어서 정신을 차리고 본즉 자기는 자기 방에 그대로 누워 있다. 식당에서 벌써 아침 식사를 하는지 대가닥대가닥 그릇 소리가 들린다.

방에는 애들이 하나도 없다. 깜짝 놀라서 일어나려고 해 보았으나 온몸이 쑤시고 골이 아파서 일어날 수가 없다. 그리고 보니까 아까 한 방에 있는 어린 학생이,

"언니, 오늘은 웬일이셔요, 일어나셔요."
하면서 가만히 깨우던 말이 꿈결처럼 생각난다. 종소리도 못 들은 모양
이다.

　잠시 그릇 소리가 그치면서 사방은 고요해진다.
　신애는 다시 팔다리를 뻗어 보았다. 지난밤을 밝힌 일이 되살아온다.
사감실 방에 있는 큰 시계가 땡, 한시를 치고 또 땡, 두시를 치고 그 다
음에 세시, 네시를 칠 때까지 몇 번이고 넘나들던 삶과 죽음의 고갯길
을 지나서 간신히 잠이——잠이 아니라 반잠이 들었으나, 그것은 방황
과 험한 지옥길을 되풀이하면서 헤매는 무서운 쇠사슬에 얽매여 다니는
꿈길이었다.
　"아이쿠, 또 돌멩이야."
　신애는 부딪치는 돌을 피하고 무서운 독사를 피하여 딴 쪽으로 덤벙
덤벙 뛰다시피 걸어 보았다. 다행히 돌은 없다. 그러나 가도가도 끝이
없다.
　또 앞을 막는 것이 있다. 부딪쳐 보았다. 헤어날 수 없다. 정글이다.
다시 발길을 돌이켜보았다.
　돌이다. 부딪치기 전에 돌을 피해서 다시 방향을 돌렸다. 방향을 돌리
니 또 끝이 없다.
　신애는 돌고돌고 돌아서 끝없는 길을 다녔다.
　온몸에 땀이 쭉 흘렀다. 한참이나 주저앉았던 신애는 다시 일어나서
가기를 시작하였다.
　"아이쿠머니, 예가 어디야?"
　"깊은 웅덩이다. 지옥이다."
　"여보, 여보, 사람 살리우."

소리소리 질러 보았으나 소리가 마음대로 질러지지 않고 겨우겨우 모 깃소리만큼밖에 나오지 않는다. 이렇게 사나운 꿈길을 헤매다가 새벽에 야 겨우 잠이 들었던 모양이다.

마침 창문에 눈덩어리가 맞아서 부딪치는 요란한 소리에 잠을 깨고 보니, 무거운 몸은 그대로 있고 여전히 제자리에 누워 있으나, 제자리 같지 않고 어젯밤 한 교장댁 뒤에 있는 황무지 같은 빈터 같았다.

'지옥이로구나.'

신애에게는 자기 자리라는 게 사람이 살 만한 세상이 아니라 황무지 같은 빈터요, 바로 지옥이나 다름없이 느껴진 것이다.

지난 밤에 한 교장네 뒤터에서 헤매던 일과, 꿈 속의 일과, 지금의 일 이 뒤섞여진 모양이다.

'이런 황무지를, 돌무더기 빈터를 헤매면서 나는 어떻게 살아간단 말 인가?'

신애는 기숙사라고 찾아와서 누웠으나 지난 저녁 몇 시간 전 일을 생 각하니 도무지 살아갈 희망이 보이지 않았다. 머리카락을 잡아뜯으면서 울어 보았다. 이마를 땅에 부딪치면서 울어 보았다.

'내가 왜 살았던고……'

'이제라도…… 차라리……'

신애는 쥐잡는 약, 잠자는 약, 이렇게

'그만 죽어 버리는 것이, 내가 고통을 안 당하고 남에게 괴롬을 끼치 지 않고 죽는 것이 나을 것이다……'

죽을 방법을 생각해 보았다. 신애는 이를 악물었다.

'그렇다. 잘 생각했다. 모든 일이 다 해결될 것이다.'

'쥐잡는 약을 어떻게 구하는가? 누가 내게 그런 약을 팔며 설혹 판다 면 내 주머니에는 그런 약을 살 만한 돈이 있는가?'

'그렇다. 저 학교 앞에는 우물이 있다. 우물에 빠지면 그만이다.'

신애는 벌떡 일어났다. 일어나서 한 걸음 출입문 쪽으로 갔다.

"아야, 누구야? 도둑놈이야."

가다가 옆에 있는 아이의 발을 밟았다. 그 바람에 신애는 깜짝 놀라며 그 자리에 공중 쓰러졌다.

"아니야, 내가 물이 먹고 싶어서 나가려구 그랬다. 어서 자거라."

'내가 하필 우물에 빠지면, 학교에서 쓰고 우리 기숙사에서 먹고 선생님네가 먹고 그뿐인가, 온 동네에서 먹는 물을 못 먹게 하면 죽어서도 얼마나 두구두구 욕을 먹을꼬……'

'교장선생님은 얼마나 마음 상해하시고, 얼마나 나쁜 년인가 하고 실망을 하실까, 그렇게 착하신 선생님을……'

신애는 한 교장의 부드럽고 정다운 음성과 따뜻하고 힘있는 손길을 생각했다.

'그 손길을 붙잡고 살아서 여기까지 오지 않았는가.'

신애는 한숨과 더불어 눈물이 흘러 뺨을 적시는 것을 느꼈다.

'아니다, 살아야 한다.'

신애는 또 이를 악물었다.

그러자 신애의 귀에는 아까(몇 시간 전에) 들어올 때의 윤 사감의 매섭고 살기 찬 음성이 되살아 울린다.

"지금이 몇신 줄 알구 기어 오는 거야? 흥, 교장선생님이면 제일인 줄 알아? 어디 보아, 흥! 교장의 체면을 보아야지, 학생을 입학시켰으면 입학시켰지 어쨌단 말이야. 여태껏 붙들어 두고…… 사감은 무얼 하라는 거야? 규칙을 지켜 주어야 해먹지…… 에그, 팔자가 사나워서 장님학교에 와서 저 꼴을 보고 살지, 학교에는 교장 맘대루 해두 기숙사에서는 마음대로 못해. 아무 때나 제멋대로 못 들어와. 나가, 내

일은 나가. 이제라두 나가……."

신애는 오다가 길을 잃고 헤매다가 늦은 이야기를 하면서, 죽을 죄로 잘못했으니 용서해 달라고 손이 발이 되도록 빌었던 것이다.

"듣기 싫어!"

그래도 사감은 문을 탁 닫으면서 쇳소리를 지르던 그 소리가 쨍 소리를 내면서 귀에 울려 왔다.

'우물, 우물에라두!'

신애의 귀에는 기숙사 소사 벙어리 강 서방이 물길어 가지고 오던 물지게 소리가 들렸다.

"아바바 아바바."

사감 선생에게 장작개비로 맞고 구박받을 때 입을 벌리고 두 손을 모두어 싹싹 빌면서 애원하던 소리가 들렸다.

"좋은 사람, 강 서방, 좋은 사람, 부지런한 사람."

언젠가 교장 선생님이 기숙사에 왔다가 벙어리 강 서방의 등을 가볍게 두드리면서 칭찬하던 것이 생각난다.

벙어리 강 서방은 너무도 좋아서, "아아, 아아." 하던 소리가 들려왔다.

쌕쌕 갈그랑 쌕쌕 갈그랑.

옆에서는 어린(소경) 아이들이 세상 모르고 태평하게 자고 있지 않은가.

'살아야 하는가. 애들도 강 서방도 나도 살아야 하는가.'

기나긴 겨울밤에 온밤을 잠을 이루지 못하고 얼마나 마음의 험한 고개와 험한 벌판을 헤매고 있었는가.

그 동안 한 교장네 뒷동산으로 헤매기에 고달프고, 다친 데가 저리고 아픈 바람에 풀깃 잠이 들려고 하는데 어머니의 여윈, 그리고 가늘고 똑똑하게 부르는 소리가 들린다.

"신애야, 신애야."

"신애야, 살아만 다구, 부디 살아만 다구."

신애는 벌떡 일어나서 가만히 귀를 기울여 들어 보았다.

여윈 어머니의 모습도 울음 섞인 음성도 사라졌다. 고요한 밤은 한결 아늑해지고, 저리고 무겁던 몸도 좀 가뜬하고 편안한 것 같다. 마치 어려서 어디를 몹시 다치고 나서 어머니 품에 안겨서 울다가 잠깐 잠이 들던 그런 기분이었다.

삼 년 전 늦은 봄 일이다.

"신애가, 웬일이가? 너 정말 안 뵈니?"

"어머니, 앞이 캄캄해서 잘 안 뵈어요."

"야, 신호야, 신애가 잘 안 뵌다누나. 이거 어드카갔니? 여보, 신호 아바지, 얘가 또 안 뵌답네다그려!"

"무어? 신애가 안 뵌대요?"

"뭐야? 신애가 안 뵌대?"

날씨가 따뜻하고 진달래와 복숭아꽃이 활짝 피기 시작한 어느 날, 평양에서 한 백여 리 되는 맹산읍 장거리에서 큰 잡화상을 하면서 아무 걱정 없이 태평하게 지내던 신애네 집에서는 신애의 눈병으로 해서 큰 소동이 일어났다.

신애 아버지 강춘구는 어려서는 고생도 좀 했으나 사람이 착실하다고 동네에서도 모두 칭찬을 하고 믿어 주기 때문에, 처음에는 남의 상점에서 점원 노릇을 했지만 차차 신용을 얻어 장가도 들고 주인이 밑천을 대 주어서 제 앞으로 따로 상점을 차려 놓자 장사가 잘 되었다.

장사가 차차 커지고 보니 신애 아버지 혼자서는 손이 모자라서 어찌

할 수가 없기 때문에 아들 신호를 들여앉히고 상점 일을 보게 하였다.

다음 해에 신호 대신 신애가 중학교에 다니게 된 것이다. 춘구네는 자녀가 남매밖에 없기 때문에 본시 자식을 귀애하는데 일찍이 며느리를 보려고 아들은 장가를 보내고 딸을 공부시킨 것이다.

신애 어머니는 본시 예수 믿는 집에서 시집을 왔기 때문에 남편이 별로 좋아하지 않지마는, 아주 막지나 않는 것을 다행으로 여겨서 열심으로 교회에 다녔다.

신애를 중학교에 보내기로 하는 데는 춘구도 아내와 의논이 맞아서 찬성하기 때문에 신애는 기뻐서 학교에 입학했다.

이 때까지도 온 집안은 편안하게 지냈다.

지난 여름부터 뜻밖에 신애가 눈병을 앓기 시작해서 읍의 병원에서 얼마 치료를 받았다. 무심히 치료를 받다가 십여 일이 되어도 낫지 않기 때문에 야단법석이 나서 평양으로 데리고 가서 도립병원에 다니면서 치료를 받았다.

"그러지 말구 '기독병원'엘 가 보이시두룩 하시우, 미국 의사가 눈 치료는 잘한다우."

고을 교회 목사의 말을 듣고 '기독병원'에 다니면서 치료를 받았다.

신애는 중학교를 쉬게 하고 온 집안이 신애의 눈 치료하는 데만 전력을 들이게 되었다.

눈이 쏘고 아프다고 하니, 혼자는 보낼 수가 없어서 한동안은 어머니가 데리고 다니며, 어떤 때는 아버지도 데리고 다니고, 아버지 어머니가 다 바쁠 때는 오빠가 데리고 다녔다.

그러는 동안에 장사에 많은 타격이 되고 살림이 말이 못되었다. 게다가 신호의 아내가 어린것들을 버리고 달아나고 안 돌아왔다. 장사나 살림은 밥이 되거나 죽이 되거나 딸에게만 정신없이 야단들 하는 꼴이 보기 싫다고 하는 것이 신호의 아내의 말핑계였다는 것이다. 그리고 신호의 아이들도 눈병이 나서 야단법석이었다. 신호의 아내는 신애의 병이 자기네 아이들에게 옮았다는 것이다.

"이렇게 다녀 가지구는 안 될 터이니 입원을 시키시오."

'기독병원'의 의사의 말대로 입원을 시키게 되니, 그렇지 않아도 그 동안 오고 가고 다니는 차비와 치료비며 약값이 많이 들어갔는데 입원비·수술비에 돈이 문척문척 들어가게 되었다.

결국 상점에 들어오는 돈이란 돈은 거의 신애의 입원비와 치료비에 소비하게 되었다.

"어머니, 왜 어디 편치않으셔요?"

신애의 병간호와 이틀돌이로 평양 다니기와 손녀 손자 치다꺼리와 상점 일이며 집안 살림에 시달리고 지친 나머지, 신애 어머니마저 앓아서 자리에 눕게 되었다.

그래서 여간 밑천으로 모았던 돈이 병원 비용에 들어가고 물건 판 돈은 박박 긁어서 약값과 차비로 쓰게 되니 시잿궤가 뎅뎅 비게 되자 새로 물건을 사들일 수가 없다. 아버지나 신호 오빠는 그럴 경황도 없었다.

그리고 본즉 상점에는 차차 물건이 없어지고 찾아오는 손님도 없었다. 게다가 남의 빚이 늘어 가고 집까지 저당에 들어갔다.

"신애가 퇴원해서 온답니다, 주인님."

하루는 신호네 상점에서 일하는 최 서방이 평양에 갔다 오면서 이런 소식을 전해 주는 것이다.

신호는 버선발로 뛰어나갔다.

"신애가 퇴원해 와? 나아서 온대?"

그 대답은 듣지 않아도 그 낯색과 어깨가 축 늘어진 꼴과 등에 진 이

부자리를 보아서도 알 수가 있었다. 그리고 최 서방의 고개를 좌우로 흔드는 도리도리와 그 뒤에 그 입에서 느리게 나오는 한 마디 말은 요행을 바라고 있던 신호의 가슴을 서늘하게 하였다.

"희망 없대요."

"가게문 닫쳐 버리게."

신호는 한 마디를 던지고 어디로 나가 버렸다. 잠시 뒤에 가게 문 닫힌 신호네 상점 안방에서는 초상집 같은 울음소리가 들렸다.

차차 해가 길어지기를 시작해 훈훈한 바람이 불어오고 아카시아 꽃냄새가 코를 찌르는 시절이 되었다.

지칠 대로 지친 신애 어머니는 가겟방으로 나와 누웠다가 잠깐 잠이 들었다. 금방 무서운 꿈을 꾸던 어머니는 소리를 지르면서 일어나서 신애가 혼자 있는 골방으로 달려갔다.

신애가 누웠던 자리에 신애의 모습이 보이지 않자 어머니는 가슴이 선뜩하여 온몸에 소름이 쭉 끼쳐졌다.

"애야아, 신애야아!"

변소에나 갔는가 하고 어머니는 소리를 질러 보았다. 바로 골방 옆에 있는 변소에서도 소식이 없다. 방으로 뛰어 들어갈밖에 없었다.

"야아 신애야, 너 이거 무슨 짓이냐?"

신애는 방 모퉁이에 있던 재봉틀 위에 올라서서 대들보에 어린애 업는 띠를 걸고 제 목을 매려고 하던 참이었다.

벌써 신애의 눈에는 붉은 피가 돌고 있었다. 어머니는 뛰어 올라가서 신애를 붙잡아 내렸다.

"어머니! 저 하나 때문에 우리 집안이 이 꼴이 되구 못살게 됐으니 제가 어서 없어져야겠어요. 나 같은 거 살아서 뭘 하겠어요. 어머니……."

"애 신애야, 그거 다 무슨 소리라구 하니. 아무 소리 말구 집안 걱정은 하지 말구, 그저 살아만 다구. 살아만 다구."

어머니의 손과 온몸은 경련이 일어난 것같이 몹시 떨리기만 했다. 신애의 손을 꽉 붙잡고 떨기만 하는 것이다. 신애도 떨기만 했다. 어머니의 말에 눈물이 흐르는 것이었다.

"어머니, 그렇지만 저는 앞이 캄캄해요. 캄캄한 세상을 어떻게 살아요. 어머니, 제가 산다면 언제까지나 어머니의 괴롬거리나 될 걸 살아서 뭘 해요. 저 같은 불효자식이 살아서 뭘 해요."

"왜 너는 그런 소리를 하니? 서울에라도, 아무 데라도 가서 더 치료해 보자꾸나. 왜 낙심을 하니?"

"인제는 어머니, 단념했어요. 어떻게 캄캄한 세상을 더듬고 살아가요? 어머니."

"글쎄 더 치료해 보자는데 그러누나. 그리구 세상은 어두운 거 아니란다. 육신의 눈으로는 보이지 않아도 심령의 눈으로 보이는 하나님이 계시지 않니? 어디든지 무슨 일이든지 틀림없이 바른 길로 인도해 주신단다. 너는 믿음이 없어서 모르지만 믿음이 생기면 환히 알게 될 거란다."

어머니의 한마디 한마디 피를 토하는 듯한 말씀이 신애의 가슴속을 밝히고 마음에 힘을 주었다.

"살겠어요, 살겠어요, 어머니."

신애의 얼굴에서는 약간의 미소까지 볼 수 있었던 것이다.

다음 날은 일요일이었다. 신애는 어머니의 손에 붙들려서 가까운 교회에 가서 예배에 참례하고 얼마큼 가뜬한 마음으로 돌아왔다.

그러는 동안에 한 해가 지나가고 다음 여름이 되자 해방이 되었다. 해방이 되었다고 모두 좋다고 야단법석이었다.
　"만세, 만세, 대한독립 만세!"
　맹산골에는 말할 것도 없고 촌에서도 각처에서 만세 소리가 요란스럽게 들려왔다.
　신애네 집에서는 신호도 나가고 최 서방도 나가고, 집에는 신애와 어머니가 남아 있을 뿐이다. 아버지는 홧김에 만주로 달아난 지가 여러 달 된 채 소식이 없었다. 신호는 날마다 나가서 자치위원회에서 일을 한다고 집에는 잠깐잠깐 들여다볼 뿐이요, 식사도 안 하고 더구나 자는 법이 없다.
　"어머니, 나도 평양 나가겠어요."
　"네가 평양 가면 뭘 하겠니?"
　"세상 소식도 듣고 바람 쐬러 가겠어요. 갈 동무들도 있어요."
　"아뭏게나 하렴."
　이리하여 신애는 동무들을 따라서 평양에 와서 동무네 집에도 있고 친척네 집에도 있으면서 그 동안 하도 답답하게 지내던 차에 흥분된 세월을 보내게 되었다.
　그러나 신애가 평양에 온 것은 서울에라도 가서 눈병을 고쳐 보겠다는 한 가지 간절한 소원이 있어서였다.
　'평양에는 희망이 없다. 소련 놈의 탄압과 무지한 행동에 평양 있으면 안 되겠다. 서울로 가자.'
　청년들이 수군수군하는 소리를 듣고 동무 영희의 오빠가 서울로 가는데 영희와 그 밖에 여학생도 몇이 따라간다는 말을 들었다.
　'나두 간다.'
　신애는 속으로 결심했다. 영희에게 단단히 부탁한 결과, 마음 좋고 활

발한 영희는 시원시원히 허락해 주어서 사리원으로, 학현으로 해서 사흘 만에 서울까지 무사히 오게 되었다.

처음에는 불구자 수용소에 얼마 있다가 또 친척 언니의 집에서 신세를 지면서, 시립병원에 다니면서 눈병을 다시 치료해 보았다. 마침 원장이 안과 의사요, 눈 수술에 용하다는 말을 듣고 사정을 말한 결과,

"염려 말아요, 평양 의사들은 다 무얼 했어, 수술을 잘못했구만. 염려 말아요, 내 보게 해 줄 테니 덮어놓고 입원을 해요."

자신 있게 말을 하기 때문에 꼭 믿고 입원을 하고 수술을 받았으나 그 결과는 실패였다.

신애는 아주 길도 못 찾을 정도로 실명을 하고 말았다.

마침 친척 언니네 집을 찾아왔던 교회의 전도 부인이 국립맹아학교로 인도해서 입학하게 되었다. 마침 한 교장이 새로 부임한 때라 교장의 호의로 학교에 입학되자 기숙사에 무조건 수용되었다. 나이 많고 보호자가 없다는 조건으로 교감과 직원들이 반대하는 것을 한 교장이 우겨서 입학시킨 것이다.

"저렇게 연령이 지나고 그리고 중간 실명자는 안 됩니다. 아주 곤란합니다. 못 받습니다."

사감을 겸한 여교원 윤 선생이 굳이 반대하는 것을 한 교장이 내가 전 책임을 질 테니 염려 말라고 강경하게 말한 결과, 무조건 입학시키기로 되었던 것이다.

이 때에 선생 중에 수군거리는 사람들도 있었고, 그 가운데도 윤 선생의 샐쭉해지는 매서운 눈초리가 심상치 아니한 것을 못 본 체할 수밖에 없었다. 그러나 한편으로는 꺼림한 것을 눌러 두었다.

"신애, 공부 재미있지? 집에 한번 와, 응?"

한 교장은 복도에서 더듬더듬 가는 신애를 보고 이렇게 정답게 말을

해 주었다.

한번은 집을 모른다고 최옥희라는 한반 학생하고 같이 왔다. 두 번째는 좀 보는 어린 학생하고 같이 왔다 갔고, 세 번째는 저 혼자 찾아왔다.

그 때에 신애의 지난 이야기를 대강 들을 수 있었던 것이다. 그 뒤로부터는 답답하고 어려운 일이 있을 때에는 한 교장을 찾아갔다.

지난밤에도 신애는 저녁을 먹는 척만 하고 사택으로 한 교장을 찾아왔던 것이다.

"신애가 왔구나. 어떻게 혼자 찾아왔지? 이젠 제법이다."

한 교장은 이렇게 반가이 맞아 주는 것이다.

신애는 한 교장과 사모님의 친절에 못 이겨서 저녁밥을 더 먹고 앉아서 자기의 지난 사정을, 지난번에 이야기 못 한 것을 보충해서 더 이야기하고, 그러고 나서는 어머니나 아버지가 혹 월남해 왔는지 모를 텐데 어떻게 알아볼 도리가 없는지 의논하였다.

"교장 선생님을 뵈면 꼭 저희 아버님을 만나는 것 같애요. 음성이 꼭 같애요."

이렇게 마음에 먹었던 이야기를 했더니,

"나를 아버진 줄 알고 있거라. 아버지 노릇을 잘은 하지 못하겠지만 할 수 있는 대로는……."

한 교장의 이런 말을 들었다. 이런 말을 들은 신애는 너무 기뻐서 눈물이 앞을 가리고 목이 메어서 한참이나 말을 못 하였다.

나중에는 윤 선생의 태도가 이상스럽고 말끝마다 비꼬고 빈정대는 것이 불쾌하다는 이야기도 하고,

"최옥희라는 학생도 제게 대해서 태도가 이상스러워요. 교장 선생님 댁에 오기가 어려워요."

이런 말도 하였다.

그리고 이것저것 한 교장의 묻는 말에 대답하는 동안에 다정스럽게 대해 주는 한 교장의 작은딸(명애)하고도 놀고 하는 동안에 그럭저럭 시간이 좀 늦어서 돌아갔던 것이다.

한 해, 두 해, 시간은 흘렀다.

무더운 여름이었다. 유월이 거진 다 지난 무렵에 서울은——아니, 한국 천지는——뜻하지 못한 큰 변을 당했다. 서울은 공포와 전율 속에 휩싸여 있었다.

그렇지 않아도 맹아학교의 한 교장은 본시 오해와 불안과 그리고 고민의 하루하루를 보내고 있었던 차이었다.

'나를 굳이굳이 오라고 하던 이 사람들이 이제는 반 이상이 내 적이 되었구나. 이제 나를 지지하는 사람이 몇이나 되는고. 나를 지지하는 사람은 다 약자요 무능한 자들이 아닌가. 나는 사면초가에 들었다.'

더구나 목사로 신변이 위험한 한 교장은,

'내가 이 학교를 지키고 있어야 옳은가, 희망 없는 성을 지키고 있는 어리석은 일을 할 것인가.'

하고 고민 중에 몇 날을 보냈다.

세상은 뒤집혔다. 종내 한 교장은 기독교 목사요, 독재를 했다고 반동 분자로 몰려서 학교에 나가지 못하게 되었다. 학교는 교감이던 박 선생과 윤 선생의 천지가 되었다.

그러자, 몇 날 뒤에는 한 교장과 한 교장을 지지하던 몇 선생은 면직이라는 것이 발표되었다. 그리고 최옥희는 학생 위원장이 되고 신애와 그 밖의 몇 학생은 퇴학 처분이 내렸다.

그리고 학교 안에서 박 동무, 윤 동무 하면서 남녀가 뒤섞여서 날마다 술을 먹고 춤을 추고 '붉은 기' 노래를 부르며 떠들었다. 이 모양으로 학교는 난장판이 되었다. 게다가 기숙사는 물론이요, 교실까지도 괴뢰군의 숙소가 되었다. 어느 날은, 아침 일찍이 신애는 윤 사감의 방에 불리어 갔다.

"신애는 어서어서 나가시오. 한 선생은 이 학교에 아무 상관이 없다오. 어서 나가시오."

"네, 나가지요."

신애는 선뜻 대답하고 약간 있던 물건과 점자 찍는 기구와 점자책을 주섬주섬 싸 가지고 나섰다. 신애는 정들었던 큰 대문을 나섰으나 어디로…… 갈 곳이 없다. 이모 사촌 언니네 집에는 하도 간곤하게 지내니까 다시 갈 수가 없다. 교회 전도 부인에게도 갈 형편이 못 된다. 전에도 너무 신세를 졌는데 어떻게 또 가서 폐를 끼칠 수 있을까.

설혹 갈 데가 있다 해도 혼자서는 갈 수가 없다. 한반 동무들(옥희나 남학생들)은 종로 거리를 마음대로 싸다니고 전차도 타고 다닌다.

'차라리 소경이 될라면 배 안에서부터 눈이 멀어 나오든지, 어려서부터 소경이 되든지 했더면 좋을걸!'

이런 한탄을 하면서 허청허청 전찻길 쪽으로 나가고 있었다.

"바바바, 바바바."

벙어리 강 서방이 바삐 따라오면서 신애의 보따리를 빼앗는다. 고맙지만 강 서방은 듣지를 못하니까 이야기가 통하지를 못하는 형편이라 데리고 갈 수가 없다. 그래도 두 사람은 방향없이 갈 수밖에 없다.

"신애 언니, 어디 가요?"

한 교장의 작은딸이다.

"아이구, 명애야? 나……."

"아부지가 언니 데려오라고 하셔서 그래서 왔어. 언니, 어서 빨리 가."

"강 서방은 어떻게 하나, 강 서방두 못 있을 텐데……."

"강 서방은 그만둬요, 강 서방은 일을 잘하니까 일없어. 언니나 어서 가요."

명애는 신애의 팔죽지를 칵 잡아당겼다.

"옳지, 내가 실례했어 언니. 보지 못하는 이를 이렇게 잡아끄는 게 아니라고 아버님이 늘 그러셨지. 언니, 내 팔을 꼭 붙잡아요. 보지 못하는 이가 맘대로 붙잡게 한다니깐."

두 사람은 효자동 종점으로 가서 전차를 타려고 기다리고 있었다.

"재수없다. 아침부터 장님을……."

막 전차에서 내리는 손님이다. 금테 안경을 쓰고 뚱뚱한 마누라가 중얼거리는 것이다.

명애는 신애에게 대하여 미안한 마음에 "흥" 하면서 전차를 탔다.

"신애가 왔어요, 어머니."

"신애 벌써 오는구나, 신애, 어서 들어오너라."

어딘지도 모르는 서투른 동네에 조용한 방을 얻어 가지고 있는 한 교장——지금은 한 교장이 아니요, 한 목사이었다.

"내가 어디 좀 피신해 있는데 집에서 이 집을 얻어 연락해서 지난 밤에 왔구나. 그만 너를 데리고 오지 못해서 여간 궁금하지 않았는데…… 잘 왔다."

신애는 한 목사의 손을 붙잡고 엎드려서 울음이 터져나오는 것을 억지로 참았다.

"지금 막 아침 예배를 보려고 하던 참이다. 찬송가는 그만두구 성경만 보고 기도만 하련다. 자, 일어나거라, 신애야."

흐덕흐덕 느껴 울면서 엎드려 있는 신애를 일으킨 한 목사는 가만가만히 성경을 읽는다.

"요한복음 구장 첫절부터 보아요.——예수께서 길 가실 때에 날 때부터 소경된 사람을 보신지라, 제자들이 물어 가로되, 랍비여 이 사람이 소경으로 난 것이 뉘 죄로 인함이니이까? 예수께서 대답하여 가라사대, 이 사람이나 그 부모가 죄를 범한 것이 아니라 그에게서 (그를 통하여) 하나님의 하시는 일을 나타내고자 하심이니라——."

한 목사는 계속해서 말한다.

"내가 전에도 신애하고 이 말씀을 읽은 일이 있지만, 나면서부터 보지 못하는 이나 중간에 실명한 이나 자기 죄로 인한 앙화를 받는 것이 아니라, 그런 불행을 통하여 하나님의 하시는 어떤 귀중한 일을 이루시려는 것이다. 또 지금 우리가 이런 고난을 당하는 것두 우리 죄가 없는 건 아니지만, 우리 죄가 많지. 그러나 우리 죄보다두 하나님의 어떤 뜻을 나타내시려는 섭리도 되는 것이니, 그런 줄 알구 낙심하지 말구 신앙으로 받아 감당해야 하는 것이다."

한 목사의 짧고도 간곡한 기도가 끝난 다음에 식구들은 〈주의 기도〉를 가만가만히 외었다.

"선생님, 선생님이 무슨 죄가 있어요? 저 윤 선생이 밀고를 한 거지 뭐야요. 그리구 윤 선생하구 교감하구 노는 꼴이 참 우스워요. 그리구 제게는 옥희라는 적이 또 있었지요."

"아니야, 적이 어디 있어. 윤 선생이구 옥희구 다 몰라서 그렇지. 이제 후회할 날이 있지…… 미운 사람이 있으면 내 맘만 괴롭거든."

모든 일을 각오한 한 교장은 모든 일을 신애보다 잘 알고 있었던 것이다.

"한 목사님, 한 목사님, 목사님 계셔요?"

밖에서 가만가만히 찾는 사람은(그 목소리는) 평소부터 가까이 지내

고 한 목사를 존경하는 젊은 전도사이다.

"어떻게 여길 찾아오셨소? 다 무사하시우?"

한 목사는 전도사를 붙잡아 들여앉히고 다시 처소를 바꿀 의논을 하고 있었다.

이 말이 채 끝나기도 전에 밖에서 수선거리는 기색이 있더니 대문을 두드리는 요란한 소리가 들린다.

"누가 찾아요. 목사님을 찾아요."

주인집 식모가 겁에 질린 얼굴로 전한다.

"이 집에 한 목사님 계시지요?"

"내, 내가 한 목사요."

구둣발로 더벅더벅 복도를 밟고 들어오는 인민군들을 보고 다른 식구가 나설 새도 없이 한 목사 자신이 나선다.

"당신이 한 목사지요? 잠깐만 가십시다. 물어볼 말이 있다구 정치보위대에서 좀 오시랍니다. 자, 갑세다."

좌우편에서 한 목사를 붙잡으려는 듯이 두 녀석이 한 목사 좌우 옆으로 썩 나선다. 한 목사는 조용히 그들의 뒤를 따랐다. 전도사는 잠깐 앉았다가 가 버리고 세 식구는 얼빠진 사람들처럼 먼 산만 바라보고 있었다.

한 목사는 어디로 갔는지도 모르고 종내 소식이 없었다. 신애도 한 목사네 가족과 몇 날을 지낼 수밖에 없었다.

사모님과 명애는 날마다 나가 다녔으나 종내 소식을 알 수가 없어서 그냥 돌아왔다.

"언니, 우리 아버지 어떡하지! 세상이 장차 어떻게 되지? 아이구, 속상해."

사모님은 나가고 명애는 울고 있었다.

"명애, 너무 근심하지 말아요. 이제 다 바루 설 걸 왜 그래. 몇 날 안
가서 바루 될 거야. 좀 참아, 응, 명애."

신애는 이렇게 명애를 위로하였다. 사실 신애의 앞은 환하였다. 앞날
의 일이 환했다.

흰 닭

1

우리 집에는 한동안 햇닭 세 마리가 있었다. 다 같이 암탉이었으나 그중 한 마리는 흰 닭이었다. 그 흰 닭은 처음에 사 올 때부터 우리의 주의를 끌었다. 그 하얀 털의 고른 것과 그 기름기 있는 빛깔이며, 또 고개를 까뜩까뜩하며 다니는 그 걸음걸이가 어떻게 예쁘고 점잖은지 사

람으로 치면 분명히 공주의 위격을 가졌다.

2

그립던 벗이 먼 곳으로부터 왔다. 멀리서 온 벗을 무엇으로써 차려
대접할까. 나는 어려서부터 끔찍이 반갑고 은혜스러운 손님에게는 종자
암탉을 잡아 대접하는 이야기를 많이 들었고, 또 내가 몸소 나그네가
되었을 때에 닭으로 대접받은 일이 흔히 있었다. 더구나 여러 가지로
맛나고 빛나는 요리를 만들 줄을 모르기도 하려니와 복거리 여름이라
만들기가 괴롭기도 하여서 간단히 있는 닭을 잡아 대접하기로 내 아내
와 작정하였다. 그러나 이것은 적지 않은 희생이요, 또한 큰 일이다. 왜
그런고 하니, 그 닭은 약에 쓰려고 사 왔던 것이요, 닭을 잡으려면 내가

손수 그것을 죽이지 않으면 안 되는데, 내게는 그것이 여간 큰 일이 아니다.

내가 닭을 죽이기 시작한 것은 딴 살림을 시작할 때부터였다. 죽이기가 퍽 끔찍하고 잔인스럽지만, 여편네들은 못하나 사나이로서야 그까짓 것을 못하랴 하고 마음을 단단히 먹고 시작하였다. 그러나 붙들려서 펄떡펄떡거리고 목을 베어서 피가 많이 나온 뒤에도 살겠다고 푸덕푸덕 요동을 할 때마다 꽤 거북하였다.

이번에도 또 불가불 닭을 잡게 되었다. 아직 사 온 지가 몇 날이 못되어 발목에 노끈을 맨 대로 그냥 있다. 암탉 세 마리는 이제 죽을 줄도 모르고 알 낳는 닭이 수탉 찾는 이상한 소리를 하면서 붙들어매인 끄나풀을 졸졸 끌고 먹을 것도 없는 뒤뜰에서 모이를 찾는지 여기저기 왔다 갔다 땅을 쫀다.

나는 도둑 잡으려는 순경처럼 뒤로 살살 따라가다가 끌고다니는 끈을 밟아서 그 한 놈을 잡았다.

잡아서 두 발을 맞붙들어 매어 광 안에 내던졌다. 방금 옆에 있는 제 동무가 잡힐 때에 약간 놀란 듯이 잠깐 피하던 다른 놈은 또 여전히 발로 땅을 헤치고 먹을 것을 찾고 있다. 나는 또 같은 방법으로 끌고 다니는 끈을 밟아서 잡았다.

나는 부엌칼을 장 항아리에 갖다 대고 잠깐 갈았다. 붉은 녹이 없어지고 시퍼렇게 날이 섰다.

작은 공기 하나를 가지고 대문간으로 갔다. 한편 발로 붙들어매인 두 발을 꽉 밟고 한편 발로 두 죽지를 겹쳐서 밟고 모가지를 잡은 다음에 털을 좀 뜯었다. 그리고 칼로 거기를 몇 번 베었다. 몹시 아프고 괴로운지 펄떡펄떡 두 발을 놀리고 온몸을 푸덕푸덕한다.

나는 더욱 발에다 힘을 주고 손에 힘을 주어 목을 꽉 붙잡고 또 몇 차례 베었다. 닭의 목에서는 붉은 피가 줄줄 흘러서 공기에 방울방울 떨어진다. 한참 붙들고 피가 나오고 죽기를 기다렸다.

손아귀가 아프도록 붙잡고 있었는데도 그래도 좀 약하기는 하나 이따금 몸부림을 친다. 나는 잊어버렸던 듯이 얼른 숨구멍을 찾아서 베었다. 그랬더니 씨르륵 소리가 나고 한 번 푸르르 떨더니 그만 늘어진다. 그래서 인젠 죽었구나 하고 그러면서도 튼튼히 하느라고 목을 비틀어서 죽지 속에 넣고, 발목 매인 끈으로 몸뚱이를 얽어 매어서 한편 모퉁이에 내던지고 그리고 다음 놈을 죽이려고 달라붙었다.

처음에 하던 모양으로 또 한 놈의 목을 붙잡고 칼로 목을 베고 있는데 뜻밖에 옆에서 푸덕푸덕 소리가 난다.

나는 깜짝 놀라서 쳐다보니까 먼저 죽여 놓은 놈이다. 꼭 죽은 줄 알았던 놈이 아직도 펄떡펄떡 뛰며 이리저리 뒹굴고 있다. 나는 속으로 이놈이 아직도 살았나 하고 거기에 떠나간 행랑 사람이 부엌 소용으로 갖다 놓았던 다듬잇돌 깨어진 것으로 지질러 놓았다. 그리고 나서 한 놈을 마저 죽여 놓았다. 이번에는 피가 나오고 숨통까지 잘라도 졸연히 죽지 않아서, 목을 베고 베고 자꾸 베다가 아주 잘라 버렸다. 몸뚱이와 딴 토막이 나 버렸다.

이 모양으로 두 놈을 잡고 나니까 가뜩이나 더운 때라 등에 온통 땀이 배었다.

이것도 벌써 몇 번 해서 익어났기 그렇지, 처음에는 서툴러서 목을 베어서 피가 잔뜩 흐른 놈이 별안간 요동을 해서 (그것은 발로 잘 밟지 못하고 숨통을 자르지 않았거나 혹은 워낙 기운 센 놈이기 때문에) 피가 온통 옷에 튀고 얼굴에까지 튀게 된다. 이런 때는 손발이 떨리는 것을 나는 악을 써서 어떻게든지 죽여 놓는다.

이 때에 끼약 하는 마지막 소리가 이상스럽게 귀에 울린다. 그리고 다 죽은 줄 알았던 놈이 펄떡펄떡 공중에 뛰어오르는 것을 보고 무섭기도 하고 가엾기도 하고 이상하였다. 제 원수 되는 나를 저주하는 듯도 하였다.

그래 다시는 이 일을 아니하겠다고 생각한 일도 있었다. 그래도 이제는 익어서 아무렇지도 않다. 별로 힘을 안 들이고 한다. 그래도 이번에는 다 죽었던 놈이 펄떡거릴 때에는 저를 죽인 원수를 저주나 하는 듯하였다. 아무려나 목숨이 살려고 끝끝내 애쓰고 죽지 못해 펄떡거리는 것을 보고 당장에 같이 목숨을 가진 사람은 무심히 볼 수 없다. 차마 못할 짓이다.

3

그런데 내가 이번에 잡아 죽인 두 마리는 다 공주닭(흰닭)은 아니었다. 이 날에 두 마리만 잡기로 하였으나 어찌하여 흰닭 한 마리만 남고 다른 두 마리가 붙잡히었는가. 두 마리만 잡기로 작정이 있었으나, 흰닭은 두어 두고 다른 두 마리만 잡기로는 가정 회의 의결에도 없었거니와 내 마음에도 아무 작정이 없었다. 그리고 흰닭은 숨거나 달아나고 다른 두 놈만 잡히기 쉽게 있어서 손쉽게 붙든 것도 아니었다. 세 놈이 다 몰려다니고 다같이 붙들어매인 끈을 끌고 다니었었다.

그러나 내가 다른 두 놈만 붙잡고 흰 것을 아니 붙잡은 것은 다만 그것이 흰 것이라는 것밖에 까닭이 없었다. 지금 생각해 보니까 흰 놈은 다른 것과 같이 정신없이 먹을 것을 찾지 아니하고, 그 기름기 있는 털이 곱게 덮인 대가리를 약간 쳐들어서 까뜩까뜩하면서 하늘을 쳐다보고, 남보다 분명히 점잖은 태도를 가지고 걸음걸음을 하였다. 그래 그것은 잡아먹을 것이 아니요, 우리 집에 있는 손님이나 식구처럼 생각되어 그냥 둔 듯하다. 아니, 그보다 우리 집 동쪽 모퉁이에 심은 보잘것없는 화단에 있는 봉선화나 백일홍이나 금잔화같이 생각된 것이다. 왜 그런고 하니 그 흰닭에 대하여는 잡으려는 뜻도 아니 가지고, 다른 닭을 잡을 때에 그 편으로는 발도 향하지 않고 눈도 거들떠보지 아니하였다.

아무러나 세 마리 가운데서 다른 두 마리는 죽고 흰닭 한 마리만 살았다. 그러나 다른 두 마리는 잡힐 때에 어찌하여 하필 우리만 잡는가 하고 원망하는 것 같지도 아니하고, 흰닭은 그 안 잡히는 것을 기뻐하거나 자랑하는 빛도 아니 보였다.

잡힌 두 놈이 우리만 죽는 것도 운명이다 하는 것 같지도 아니하고 흰닭이 너희가 죽는 것도 운명이요, 내가 사는 것도 운명이다 하고 운명론을 가지는 것 같지도 아니하였다. 같이 살던 동무 둘이 잡혔으니 나도 그 모양으로 잡힐 터이지 하고 두려워 떨고 있는 것 같지도 아니하다. 그저 한 모양으로 사알살 돌아다녔다. 벌써 붙들어맨 것도 풀어 주었다. 그러나 달아날 듯싶지도 않다.

그런데 그날 저녁 일이다. 손님을 대접한 뒤에 저녁상을 물리고 손님들도 아직 가지 아니하고 앉아서 이야기들을 하고 있는데, 누가 (아마 잠시 손님으로 유하시던 우리 누님 같다.) 소리친다.

"닭이 없어졌다!"

흰닭이 없어졌다는 이 소리가 내게는 무슨 큰 변 난 소리처럼 들렸다. 흰닭이 없어졌어? 그럴 리가 있나 하면서 퍽 이상스럽게 생각되었다. 누님은 여기저기 좀 찾아보시다가, 나중에는 촛불을 켜 가지고 대문간과 뒷간과 뒤뜰을 온통 찾아보았으나 종내 찾지 못하였다.

그래서 여러 사람의 공론은 이러하였다. 혹은 어두우니까 어디를 나가서 박혀 자겠지, 혹은 잘 데라고 남의 집 담장으로 올라갔다가 붙들리었겠다 하고 이웃집을 의심하고, 혹은 어둡기 전에 밖에 나가고 안 들어왔다고 한다. 그런데 내 생각에는 처음 것도 아니요, 둘째 것도 아니요, 마지막 것과 합하였다.

　종내 나가 버렸군, 나는 이렇게 생각하였다. 아무 생각도 없이 곱게 집안에 있는 줄 알았더니 종내 나가 버렸군. 은연중에 우리는 자기를 사랑하여 왔지만 그래도 우리를 믿을 수 없던지 그만 달아나 버렸군. '암만 그래도 며칠이 못 되어 네 손으로 또 내 목을 베어서 나를 지져 놓고 둘러앉아 웃고 지껄이며 즐기고 놀지. 지금 그러는 모양으로…… 나는 간다.' 이렇게 생각하고 나간 것 같다. 필경 우리가 한참 정신없이 닭고기를 먹으며 이야기하던 꼭 그 때에 나갔다. 우리가 저희 동무의 고기를 먹으며 아무 생각도 없이 즐기고 있는 것을 뜰 한모퉁이에서 보다 못해 혹 마루 밑에서 듣다 못해 나가 버린 것 같다.

　그래서 그날 밤에는 잘 자리에서도 흰닭 생각이 나서 이리저리 생각을 하였다.

　잠이 깊이 들기도 전에 역시 누님 목소리로 "닭이 있다." 하는 소리에 잠이 깨어 벌떡 일어났다. 나가 버린 줄 알았던 닭이 참말 있다. 뒷마루 모퉁이에 큰 테이블이 있고 그 위에 책들을 함부로 쌓아 두었었는데, 닭이 그 위를 자기 잘 자리로 정하고 웅크리고 있다.

　그런 것이 마루에 켜 놓은 전깃불이 비쳐서 자지를 못하고 꾹꾹 소리를 하는 것을 누님이 듣고 그러신 것이다. 누님과 아내는 퍽 기뻐한다. 나도 기쁘다. 누님은 앨써 찾으시던 것이 있으니 기뻐하는 것이요, 아내가 기뻐하는 것은 닭 한 마리를 잊어버리지 아니하고 찾았음이다.

　그러나 내가 기뻐하는 것은 앨 써 찾던 것이 있음도 아니요, 닭 한 마리를 잃는 손해를 보지 아니함도 아니요, 공주닭이 없어지지 아니하고 있음이다. 공주닭이 저녁에 생각하였던 바와 같이 나를 돌이켜 흘겨보고 '나는 간다' 하고 나가지 아니함이었다. 그래서 나는 공주닭이 나간 불안과 이웃 집을 의심하는 의심도 없어지고 마음놓고 다시 잠이 들었다. 그리고 자리에 누워서 혼자 생각으로, 인젠 저놈을 기르리라 하였다.

그 다음에는 비는 아니 오고 매일 내리쬐어서 어떻게 더운지 마치 사람이 화로 속에 사는 것 같았다. 흰 닭도 더위를 못 견디어 낮에는 나무 밑에 가만히 엎드려 있고 신선한 저녁때에는 슬금슬금 밖에 나갔다가도 이내 들어오곤 한다. 그리고 어두우면 툇마루 책상에 놓인 책 위에 올라가 잔다. 아침저녁에는 메풀이(세살 먹은 우리집 애)를 시켜서 양식은 쌀에서 고른 뉘로 모이를 주게 하여 먹인다. 그만하면 이제 흰 닭은 우리 집 식구가 되었다.

4

나는 석왕사에 한 두어 주일 동안 있다가 돌아왔다. 나는 오면서 차에서도, 공주닭이 어떻게 되었노, 생각을 하였거니와 석왕사에 있는 동안에도 여러 번 생각하였다. 저녁때에 차에서 내려 들어와서 옷을 벗고 숨을 돌린 뒤에 돌아보니까 뜰에서 사알살 돌고 있을 닭이 안 보여 이상스럽게 생각하였다.

혼자 생각으로 종내 나갔나? 그만 잡아먹었나? 하였으나 닭의 말부터 먼저 묻기가 무엇해서 아무 말도 않고 있었다. 저녁을 먹은 후에 나는 종내 물어보았다.

"흰 닭이 어떻게 되었소?"

"잡아먹었어요. 이가 잔뜩 끓어서 죽어 가는 것을 석유를 발라 주었더니 그래도 낫지 않기에 그만 잡아먹고 말았어요."

아내는 이렇게 이야기하였다. 나는 이 말을 듣고 퍽 섭섭하였다. 나는 운명을 생각하고 그리고 이번 석왕사에서 들은 설교가 생각났다. 살생한 사람이 가는 끔찍한 지옥 이야기. 그 중에도 달걀을 늘 구워 먹던 아이가 섶나무 불이 깔린 방에 갇혀서 안타까워 왔다갔다 하다가 발이 데어 죽는다는 이야기를 생각하였다.

그날 저녁에 자려고 하는데 툇마루 테이블 위에서 닭이 꾹꾹 하는 소리가 들렸다. 그 후에도 이따금 내 머리에는 '공주닭' '흰 닭' 이런 생각이 지나갔다.

작품 알아보기
(단편 문학)

〈백치 아다다〉는 한 순수한 인간이 물질 때문에 죽어가야 하는 안타까운 현실과, 무지가 빚어 낸 비극적 상황을 보여 준다. 벙어리이기 때문에 남편으로부터 온갖 학대를 받아야 했던 아다다는 동네 일꾼 수룡이와 조그만 섬으로 가 보금자리를 꾸민다. 그러나 모든 불행이 돈에서 비롯된다고 믿는 아다다는 수룡이와의 행복이 돈 때문에 깨질까 두려워 돈을 모두 바다에 던져 버린다. 〈병풍에 그린 닭이〉는 결혼한 지 10년이 지나도록 아이를 갖지 못한 박씨가 남편과 시어머니로부터 구박을 당하자, 아이를 갖기 위해 굿을 하게 되고, 그것이 원인이 되어 집에서 쫓겨나고 만다는 내용이다. 〈최 서방〉은 지주에게 시달림을 당하는 소작인의 비애를 그린 작품으로, 현실 의식이 강한 경향 문학적 성격을 띤다. 〈청춘도〉는 사랑과 예술에 대한 소박한 희구를 그리고 있으며, 〈별을 헨다〉는 월남한 사람들의 어려운 피난 생활을 표현했다.

〈화수분〉은 완벽한 사실주의를 바탕으로 한 작품으로, '화수분'이란 '재물이 아무리 써도 줄지 않는다'라는 뜻을 가진 주인공의 이름이다. 그러나 이름과는 반대로 화수분은 남의 집 행랑살이를 할 정도로 가난하다. 화수분은 시골에 있는 형의 농사일을 도와 주러 길을 떠나는데, 눈 내리는 겨울날 길이 어긋난 가족들은 결국 눈 속에서 비참한 죽음을 맞게 된다. 〈천치? 천재?〉는 득영학교 교사로 부임한 내가 칠성이를 만나면서 겪게 되는 이야기이다. 남들이 모두 천치라고 하는 칠성이는 오히려 더 순수하고 자연적인 품성을 가지고 있는 아이이다. 〈소〉는 강원도 산골을 배경으로 하여 분단의 설움을 그린 작품이다. 〈흰닭〉에서 나는 집에서 기르던 흰닭에 대해 각별함을 느끼는데, 두어 주일 집을 비웠다가 돌아온 나에게 아내는 흰닭을 잡아먹었다는 소식을 전한다.

논술 길잡이
(단편 문학)

❶ 아래 그림은 〈화수분〉의 한 장면이다. 눈 속에서 싸늘하게 얼어죽는 화수분 가족의 비극적 상황 속에서 살아남은 딸아이가 갖는 의미를 논술 해 보자.

논술 길잡이
(단편 문학)

❷ 아래 글은 〈백치 아다다〉의 마지막 장면이다. '아다다의 죽음' 이라는 비극적인 상황으로 치닫게 된 원인을 찾아서 논술하라.

한참 만에 보니 아다다는 복판도 한복판으로 밀려가서 솟구어 오르며 두 팔을 물 밖으로 허우적거린다. 그러나 그 깊은 파도 속을 어떻게 헤어나랴! 아다다는 그저 물 위를 둘레둘레 굴며 요동을 칠 뿐, 그러나 그것도 한순간이었다. 어느덧 그 자체는 물 속에 사라지고 만다.

주먹을 부르쥔 채 우상같이 서서, 굼실거리는 물결만 그저 뚫어져라 쏘아보고 섰는 수롱이는 그 물 속에 영원히 잠들려는 아다다를 못 잊어 함인가? 그렇지 않으면 흘러 버린 그 돈이 차마 아까워서인가?

논술 길잡이
(단편 문학)

❸ 〈병풍에 그린 닭이〉에서 박씨는 아기를 갖기 위해 굿을 하게 되고 그것이 원인이 되어 집에서 쫓겨난다. 박씨가 처한 상황을 오늘날의 입장에서 비판해 보자.

❹ 〈흰 닭〉에서 나는 집에서 기르던 닭 중에서도 유독 흰 닭에 애정을 느낀다. 동물이나 식물에 대해 특별한 애정을 느껴 본 적이 있는지 자신의 체험을 떠올려 써 보자.

논•술•한•국•대•표•문•학〈전60권〉

펴 낸 이   정재상
펴 낸 곳   훈민출판사
주   소   경기도 고양시 덕양구 원당동 416번지
대 표 전 화   (031)962-3888
팩   스   (031)962-9998
출 판 등 록   제395-2003-000042호